중국어, 이젠 즐기세요!

JRC快乐汉语
创造美好未来

www.booksJRC.com

JRC 북스 중국어 회화 시리즈

중국어 발음과 기본 문장 학습
중국어 뼈대 문장 학습

NEW 맛있는 중국어 **회화** 시리즈

입문 · 초급

맛있는 중국어
Level ❶ 上

맛있는 중국어
Level ❶ 下

맛있는 중국어
Level ❷

핵심 구문 90개 학습
듣기와 말하기 능력 집중 향상
언어 4대 영역 종합 학습

NEW 맛있는 중국어 **회화** 시리즈

초 · 중급

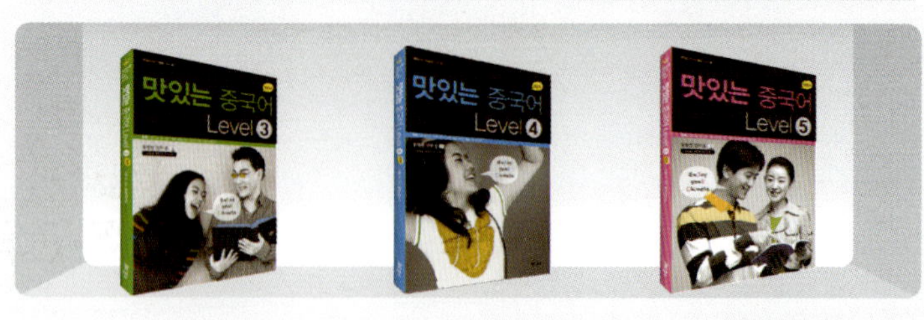

맛있는 중국어
Level ❸

맛있는 중국어
Level ❹

맛있는 중국어
Level ❺

재미와 감동, 문화까지 독해
어법과 어감을 통한 작문
이론과 트레이닝의 결합! 어법

맛있는 중국어 기본서 시리즈

맛있는 중국어
독해 ❶·❷

맛있는 중국어
작문 ❶·❷

맛있는 중국어
듣기(근간)

맛있는 중국어
어법

제대로 알고 쓰는 간체자
정확히 알고 말하는 필수 단어

맛있는 중국어 쓰기·단어

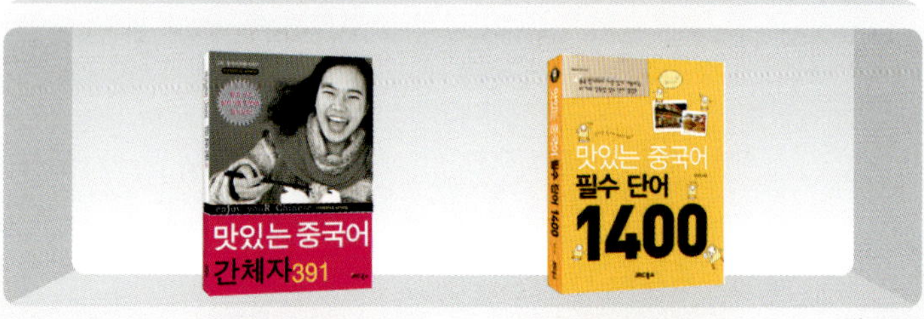

맛있는 중국어
간체자 391

맛있는 중국어
필수 단어 1400

중국유학 갈 때 **꼭** 가져가야 할 책

필수표현 40 下

중국유학 갈 때 꼭 가져가야 할 책
필수표현 40 下

초판 1쇄 발행	2006년 6월 30일
초판 4쇄 발행	2014년 10월 15일

지은이	이정아
발행인	김효정
발행처	JRC 북스
등록번호	제300-2002-42호
영업	최정호	김영한
홍보	이지연
웹마케팅	오준석	송환웅	김희영

주소	JRC 북스 편집부_서울 강남구 테헤란로 109, 3층
전화	구입문의 02.567.3861, 02.567.3837	내용문의 02.567.3860
팩스	02.567.2471
홈페이지	www.booksJRC.com

ISBN	978-89-95608-59-3 13720
정가	12,000원 (MP3 CD 1장 포함)

제가 중국에 있을 때 언제나 지니고 다니는 것이 있었는데 그건 바로 '수첩'입니다. 휴대하기 편한 작은 수첩을 볼펜과 함께 가지고 다녔는데 언제, 어디서 들릴지 모르는 새표현을 적기 위해서였습니다. 가끔 한자가 뭔지 잘 모르겠을 때는 병음만 소리나는 대로 적고 집에 와서 상황을 떠올리며 이 단어 저 단어를 사전에서 찾던 생각이 납니다. 이 수첩들은 아직도 제 책상 서랍에 있는데 그 당시의 추억을 떠올리며 배웠던 표현들을 다시 한번 복습하기 위해 종종 들춰봅니다. 그 때부터 외웠던 표현들이 지금의 나를 만든건 아닌지 그 수첩들이 고맙고 소중하게 느껴집니다.

수업시간에 중국어로 질문을 시키면 항상 한국말을 먼저 말해버리고 "선생님, 이런 말을 하고 싶은데 어떻게 말해야하죠?" 이렇게 말하는 학생이 있습니다. 전 그러면 말하고자 하는 한국어 표현을 우선 말해보라고 한 후 중국어로 말을 바꿔보도록 유도를 하는데 별로 어렵지 않은 문장도 표현해내지 못하는 학생을 보면 안타까움을 느낍니다. 수업시간에 많은 표현을 배우지만 정작 자신의 것으로 만들지 못해 중국어가 머릿속에만 저장된 지식 역할 밖에 못하게 된 거지요. 때로 어떤 학생들은 적당한 표현을 몰라 중국어로 말하는데 애를 먹기도 하지요. 그래서 중국어를 공부할 때 입력과 출력이 병행되지 않으면 실력이 늘 수 없고 적재적소에 맞는 표현을 구사할 수 없습니다.

머리말

중국인처럼 중국말을 잘하는 것은 그리 어려운 일은 아닙니다. 그러나 그 전제는 많은 시간과 노력을 기울여야한다는 것입니다. 첫술에 배부를 수는 없겠지요! (不能一口吃成个胖子。) 여러분이 중국어를 공부하는데 조금이나마 도움이 되기를 바라면서 이 책을 펴냈습니다. 이 책에는 초.중급자가 꼭 알아야할 필수표현 80가지가 들어있는데 이 80가지는 중국 유학생활에서 반드시 알아야 할 표현들, 그리고 일상생활에서 알아두면 유용한 표현들입니다.

지금의 작은 습관들이 여러분의 중국어 실력을 만듭니다. 지금 이 책을 펴셨다면 외우고, 말하고, 듣는 것을 게을리 하지 마세요. 매 과에 나온 표현이 100% 여러분 것이 될 수 있도록 노력하세요. 마지막으로 이 책이 중국어에 재미와 자신감을 드릴 수 있기를 진심으로 바랍니다.

2005년 8월
이 정 아

중국인 따라잡기 필수표현 40下

〈중국인 따라잡기 필수표현 40上·下〉은 초,중급자가 꼭 알아야 하는
중국어 회화 필수 표현 80가지로 구성되어 있습니다.

매과마다 〈맛보기 회화〉〈필수표현〉〈다양한 표현〉〈필수 회화〉
〈어법포인트〉〈연습문제〉〈상황회화 따라잡기〉로
구성되어 있습니다.

특히, 주인공 나영이가 중국유학생활과 일상생활에서 겪는 애피소드를
중심으로 관련 필수표현을 배우게 됨으로써, 生生한 중국어 학습에
한층 재미를 더 할 것입니다.

■ **맛보기 회화**

맛보기 회화를 통해 필수 표현을 미리 이해하고 넘어가세요.

■ **필수표현**

중국에서 많이 사용하는 필수표현 40!
큰소리로 암기하셔서 여러분의 것으로 만들어 보세요.

■ **다양한 표현**

아~ 이런 표현은 이렇게~
여러 가지 상황의 예문을 보면서 다양한 표현의 어감을 익혀보세요.

■ **필수회화**

나영이가 중국에서 유학하는 동안 있었던 에피소드가 매 과마다 펼쳐집니다.
다양하고 生生한 중국어 회화를 배워 보세요.
이제는 여러분도 자신 있게 중국어를 말할 수 있습니다!

이 책의 구성

■ **어법포인트**

필수회화의 주요 어법이 쉽고 자세하게 설명되어 있습니다.

■ **연습문제**

리스닝도 놓칠 수 없다~
필수회화에서 익힌 내용을 점검하고 청취 능력까지 향상 시켜보세요.

■ **상황별 회화 따라잡기**

이럴 때 뭐라고 말하지? 머릿속에 단어들만 하나 두 개씩 맴돈다구요?
이것만 외우시면 어떠한 상황도 자신 있게 말할 수 있습니다.

중국인 따라잡기 필수표현 40下

이 책의 목차

주인공 나영이는 중국어를 배운지 6개월이 조금 넘었답니다.

나영이는 큰 결심을 하고, 중국유학을 떠나기로 했죠.

중국을 향한 비행기안에서 나영이의 마음은 설레임으로 가득하답니다.

나영이가 앞으로 겪게되는 재미있는 중국 이야기와 생생한 중국어는

바로 여러분의 얘기가 될 것입니다.

자, 나영이와 함께 재미있고 신나는 중국어 여행으로 떠나볼까요?

중국인 따라잡기 필수표현 40下

要不你就干脆不喝

아니면 차라리 마시지 말아요

21
필수표현

要不你就干脆不喝

아니면 차라리 마시지 말아요

干脆는 부사로 '시원스럽게, 차라리'의 뜻으로 '과감하게 이렇게 해라' 혹은 '아예 이렇게 해버린다'는 상황에 쓰입니다.

A 哎呀, 我有点儿累。
Aīya, wǒ yǒu diǎnr lèi.
아이구, 난 조금 피곤해.

B 算了, 你干脆别去了。
Suànle, nǐ gāncuì bié qù le.
됐어, 너 차라리 가지 마.

娜 英　朋友请我喝酒，我担心喝醉了。
Péngyou qǐng wǒ hē jiǔ, wǒ dānxīn hē zuì le.

成 功　哦，你的酒量很小，是不是？
Ò, nǐ de jiǔliàng hěn xiǎo, shì bu shì?

娜 英　是啊，我最怕他们说"干杯"。
Shì a, wǒ zuì pà tāmen shuō "Gānbēi".

成 功　你不一定要都喝光。
Nǐ bù yídìng yào dōu hē guāng.

　　　你可以说"随意"。
Nǐ kěyǐ shuō "Suíyì".

娜 英　这样就可以少喝一点了吗？
Zhèyang jiù kěyǐ shǎo hē yìdiǎn le ma?

成 功　对呀。要不你就干脆不喝。
Duì ya. Yàobu nǐ jiù gāncuì bù hē.

이것도 외워보세요!

担心	dānxīn	걱정하다
喝光	hē guāng	다 마시다
要不	yàobu	아니면

▶ 都9点了, 干脆不去上课了。
Dōu jiǔ diǎn le, gāncuì bú qù shàng kè le.
이미 9시예요. 차라리 수업 가지 말아요.

▶ 人都走了, 你干脆别来了。
Rén dōu zǒu le, nǐ gāncuì bié lái le.
사람들은 이미 갔어요. 차라리 오지마세요.

▶ 看了几家, 都那么贵, 干脆不买了。
Kàn le jǐ jiā, dōu nàme guì, gāncuì bù mǎi le.
여러 곳을 봤는데 모두 너무 비싸요. 차라리 안살래요.

▶ 500块恐怕不够, 你干脆带1000块吧。
Wǔ bǎi kuài kǒngpà bú gòu, nǐ gāncuì dài yì qiān kuài ba.
500위안은 부족할거예요. 당신은 아예 1000위안을 가지고 가세요.

▶ 路上可能会堵车, 你干脆早点儿出发。
Lù shang kěnéng huì dǔ chē, nǐ gāncuì zǎo diǎnr chūfā.
길이 막힐지도 모르니깐 아예 일찍 출발하세요.

▶ 就剩这么一点儿了, 干脆都吃了吧。
Jiù shèng zhème yìdiǎnr le, gāncuì dōu chī le ba.
이렇게 조금 남았으니 차라리 모두 드세요.

 이것도 외워보세요!

家	jiā	상점의 양사
堵车	dǔ chē	차가 막히다
剩	shèng	남다

1. 朋友请我喝酒，我担心喝醉了

请은 '청하다', '요청하다'의 뜻으로 다른 사람에게 '한턱낸다'는 의미입니다.
단독으로는 请客라고 쓸수도 있습니다.

예) 周末我请你看电影, 怎么样?   주말에 내가 너 영화보여줄게, 어때?

你帮了我大忙, 晚上我请你好好吃一顿。

저에게 많은 도움을 주셨어요. 저녁에 제가 식사 한끼를 대접하고 싶어요.

说好了我请, 你别跟我客气。   내가 한턱낸다고 했잖아요. 사양하지 마세요.

| 顿 dùn 끼니(양사) |

2. 你不一定要都喝光

光이 동사 뒤에서 결과보어로 쓰이면 '전부 싹 없어진다'는 의미가 있습니다.

예) 你来晚了, 他们把蛋糕都吃光了。   네가 늦어서 그들이 케이크를 다 먹어 치웠어.

今天生意特别好, 东西一会儿就卖光了。   오늘은 장사가 매우 잘 되어서 물건이 금새 다 팔렸어요.

以前学过的内容都忘光了。   예전에 배웠던 내용을 전부 잊어버렸어요.

3. 要不你就干脆不喝

要不다른 선택을 제안할 때 쓸 수 있습니다. '아니면'으로 해석됩니다.
또 '그렇지 않으면'이란 의미로 가정의 상황을 말하기도 합니다.

예) 已经十一点了, 要不你就住在我家吧。   이미 11시예요. 아니면 우리 집에서 묶으세요.

你不想吃饭, 要不吃面条吧。   밥이 먹고 싶지 않으면 그럼 국수를 먹어요.

01. 테이프의 본문을 듣고 질문에 답해보세요.

1. 娜英的朋友请她喝酒, 娜英担心什么？

____

2. 成功教给娜英什么好办法？

____

02. 테이프를 듣고 빈칸을 채운 후 전체 내용을 다시 한번 말해보세요.

娜英的中国朋友_____________。娜英的酒量很小, 她害怕喝得太多,_____________。

可是如果拒绝喝酒, 她担心_____________。所以她来找成功, 问问他有没有什

么好的办法, 可以_____________。成功告诉她, 如果说 "_____", 就可以_____________。

成功还告诉娜英要是中国人说 "_____", 就都要喝光。还有喝完了以后, 还要

给人看自己的酒杯是空的。娜英觉得中国人的_____________。

이것도 외워보세요!

害怕	hài pà	두려워하다	办法	bànfǎ	방법
喝醉	hēzuì	술 취하다	空	kōng	비어있는
拒绝	jùjué	거절(하다), 거부(하다)	喝法	hēfǎ	마시는 법
礼貌	lǐmào	예의(바르다)			

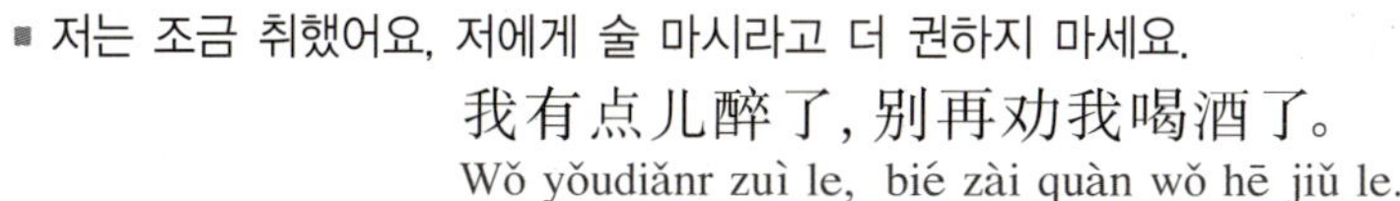

술마실 때 쓰는 표현 2

■ 저는 조금 취했어요, 저에게 술 마시라고 더 권하지 마세요.

我有点儿醉了，别再劝我喝酒了。
Wǒ yǒudiǎnr zuì le, bié zài quàn wǒ hē jiǔ le.

■ 이 사람 정말이지, 겨우 두 잔 마시고는 안 된다니.

这个人真是的，才喝了两杯就不行了。
Zhè ge rén zhēnshide, cái hē le liǎng bēi jiù bù xíng le.

■ 전 술 많이 마셨어요. 더 마시라고 하지 마세요.

我喝高了，别再让我喝了。
Wǒ hē gāo le, bié zài ràng wǒ hē le.　　| 喝高了 hē gāo le 취할 정도로 많이 마시다 |

■ 모두 건배하지요. 우리의 성공적인 업무 협조를 위해 건배하죠.

大家碰一下杯，为我们的合作成功干杯。
Dàjiā pèng yí xià bēi,wèi wǒmen de hézuò chénggōng gānbēi.

■ 속상하다고 술을 마시지 말아요. 이렇게 하면 건강에 해로워요.

你别喝闷酒，这样对身体不好。
Nǐ bié hē mènjiǔ, zhè yàng duì shēntǐ bù hǎo.

| 喝闷酒 hē mènjiǔ 괴로울때 술을 마시다 |

■ 안주만 마시지 말고 술 한잔 해요.　你别光吃下酒菜，喝一杯吧。
Nǐ bié guāng chī xià jiǔ cài, hē yì bēi ba.

■ 나를 술 취하게 만들려는 거예요.저는 정말 계속 못 마시겠어요.

你要把我灌醉啊，我可喝不下去了。
Nǐ yào bǎ wǒ guànzuì a,wǒ kě hē bu xià qu le.

| 灌醉 guànzuì 취하게 술을 먹이다 | 下去 xià qu 보어로 현재부터 미래까지 계속된다는 뜻임 |

你从来没迟到过

당신은 지각을 해본 적이 없지요

22
필수표현

你从来没迟到过

당신은 지각을 해본 적이 없지요

从来는 '여태껏, 지금까지'란 의미로 뒤에 대부분 부정형이 많이 쓰입니다. 그리고 경험을 나타내는 过와 함께 자주 씁니다. 부정사로 不와 没가 올 수 있는데 不는 본인의 의지이고 没는 기회가 없었음을 말합니다.

A 我吃不完，你帮我吃一些吧。
Wǒ chī bu wán, nǐ bāng wǒ chī yìxiē ba.

저는 다 못 먹겠어요. 당신이 저 대신 좀 먹어줘요.

B 我从来不吃剩菜。
Wǒ cónglái bù chī shèngcài.

저는 여태껏 남긴 음식은 안 먹어요.

자명종이 고장나서 나영이는 처음으로 수업에 지각을 한다.

娜	英	对不起，老师，我迟到了。

Duìbuqǐ. Lǎoshī, wǒ chídào le.

老　师　今天怎么了？你从来没迟到过。

Jīntiān zěnme le? Nǐ cónglái méi chídào guo.

娜　英　我的闹钟坏了，早上没有响，所以睡过头了。

Wǒ de nàozhōng huài le, zǎoshang méiyǒu xiǎng, suǒyǐ shuì guòtóu le.

老　师　没关系，下次注意就可以了。

Méi guānxi, xià cì zhùyì jiù kěyǐ le.

娜　英　哎呀，早上太急，忘带书了。

Āiya, zǎoshang tài jí, wàng dài shū le.

老　师　赶快回去拿书吧。

Gǎnkuài huíqu ná shū ba.

娜　英　知道了，老师。我去去就来。

Zhīdào le, lǎoshī. Wǒ qùqu jiù lái.

 이것도 외워보세요!

迟到	chídào	지각하다		急	jí	급하다
闹钟	nàozhōng	자명종		睡过头	shuì guòtóu	지나치게 잠을 자다
坏	huài	고장나다		注意	zhùyì	주의하다
响	xiǎng	울리다		赶快	gǎnkuài	빨리

▶ 我**从来**没见过这样的人。
Wǒ cónglái méi jiàn guo zhèyang de rén.

저는 여태껏 이런 사람을 본 적이 없어요.

▶ 我**从来**没说过那样的话。
Wǒ cónglái méi shuō guo nàyang de huà.

저는 여태껏 그런 말을 해본 적이 없어요.

▶ 我**从来**没相信过他。
Wǒ cónglái méi xiāngxìn guo tā.

저는 여태껏 그를 믿어 본 적이 없어요.

▶ 他**从来**不关窗睡觉。
Tā cónglái bù guān chuāng shuì jiào.

저는 여태껏 창문을 닫지 않고 잠을 잤어요.

▶ 我**从来**都是一个人去上学。
Wǒ cónglái dōu shì yí ge rén qù shàng xué.

저는 지금까지 줄곧 혼자 학교를 다녔어요.

▶ 公司**从来**都是6点下班, 但是最近很忙, 8点才能走。
Gōngsī cónglái dōu shì liù diǎn xià bān, dànshì zuìjìn hěn máng, bā diǎn cái néng zǒu.

회사는 지금까지 줄곧 6시에 퇴근이었지만 요즘 너무 바빠서 8시가 되어서야 겨우 갈 수 있어요.

이것도 외워보세요!

| 相信 | xiāngxìn | 믿다 |
| 窗 | chuāng | 창문 |

1. 我的闹钟坏了，早上没有响，所以睡过头了

过头는 형용사로 '초과하다, 넘다'라는 의미가 있는데 동사 뒤에서 보어로 자주 씁니다.

예) 我刚才没看见你在那儿，走过头了。　　　　금방 네가 거기에 있는지 못 보고 지나쳐갔어.

休假的时候有点玩过头了，现在不想上班了。　휴가때 좀 심하게 놀아서 지금 출근하기가 싫어요.

我坐车坐过头了，所以来晚了，对不起。　차를 타다 너무 지나쳐갔어요. 그래서 늦었어요. 죄송해요.

| 休假 xiūjià 휴가 |

2. 早上太急，忘带书了

急는 '급하다'는 의미로 급한 성격에도 이렇게 말합니다.

이때는 뒤에 性子(xìngzi)를 붙여줍니다.

예) 都两点半了，他还没来，我能不着急吗?

이미 2시 반이 되었는데 그가 아직 오지 않았어요. 내가 어떻게 초초해 하지 않을 수 있겠어요?

我突然有了急事，得马上走，你们慢慢聊。

저는 갑자기 급한 일이 생겨서 돌아가야 해요. 천천히 얘기나누세요.

他是个急性子，让他等两天，他可受不了。

그는 성격이 급해서 이틀만 기다리라고 해도 못 참을 거예요.

| 受不了 shòu bu liǎo 참을 수 없다 |

3. 赶快回去拿书吧

赶快는 '재빨리, 얼른'이라는 의미입니다.

예) 客人已经来了，你赶快打电话订餐吧。　손님이 이미 왔어요. 당신은 전화해서 음식을 주문하세요.

外边下雨了，赶快把衣服收回来。　밖에 비가 오네요. 얼른 옷을 걷어들이세요.

| 订餐 dìng cān 음식을 주문하다 |

01. 테이프의 본문을 듣고 질문에 답해보세요.

1. 今天娜英为什么迟到了？

____

2. 到了学校，娜英发现又有什么麻烦了？

____

02. 테이프를 듣고 빈칸을 채운 후 전체 내용을 다시 한번 말해보세요.

娜英的闹钟坏了，早上 __________ ，所以娜英一直睡到8点半才起床。学校8点上

课，__________________ ，以前娜英从来没有 __________ 。她 __________ 到

了学校，虽然老师没有批评娜英，可是她心里 __________ 。这时娜英突

然 __________________ ，还得回去拿，真是忙中出错。 今天真是 __________ 。

 이것도 외워보세요!

一直	yìzhí	계속해서, 줄곧	急急忙忙	jíjímángmáng	급하게
肯定	kěndìng	틀림없이	忙中出错	mángzhōngchūcuò	바쁘면 실수를 한다
批评	pīping	주의를 주다, 나무라다	顺利	shùnlì	순조롭다
虽然	suīrán	비록 ～이지만			

상황회화 따라잡기!

시간에 늦었을 때 쓰는 표현

- 정말 죄송합니다. 당신을 오래 기다리게 했군요.

  真对不起, 让你久等了。
  Zhēn duìbuqǐ, ràng nǐ jiǔ děng le.

- 이미 이렇게 늦었는지 몰랐어요.

  没想到已经这么晚了。
  Méi xiǎngdào yǐjing zhème wǎn le.

  | 没想到 méi xiǎngdào 미치 생각지 못히디 |

- 당신은 조금 일찍 출발했어야 해요.

  你应该早一点出发。
  Nǐ yīnggāi zǎo yìdiǎn chūfā.

- 지금 이미 몇 시예요? 왜 이제야 오세요?

  你看都几点了？你怎么才来？
  Nǐ kàn dōu jǐ diǎn le? Nǐ zěnme cái lái?

- 방금 회의를 해서, 자리를 뜰 수 없었어요.

  刚才开会了, 走不开。
  Gāngcái kāi huì le, zǒu bu kāi.

- 지금 차가 막혀서 대략 30분 정도 늦겠네요.

  现在堵车, 大概要晚30分钟左右。
  Xiànzài dǔ chē, dàgài yào wǎn sānshí fēnzhōng zuǒyòu.

- 전 중요한 손님과 미팅이 있어서 아마도 조금 늦을 것 같아요.

  我有一个重要的客人要见, 可能要晚一点儿。
  Wǒ yǒu yí ge zhòngyào de kèrén yào jiàn, kěnéng yào wǎn yìdiǎnr.

我说不好，努力就是了

단언할 수는 없지만 노력하는 거지요

23
필수표현

我说不好，努力就是了

단언할 수는 없지만 노력하는 거지요

就是了가 문장의 뒤에 쓰이면 주저함이나 망설일 필요없이 '이렇게 하면 그만이다' 라는 의미입니다.

A 我有点儿紧张。
Wǒ yǒu diǎn jǐnzhāng.

저는 좀 긴장돼요.

B 别害怕，按你想的说就是了。
Bié hài pà, àn nǐ xiǎng de shuō jiùshì le.

두려워하지마. 네가 생각하는대로 하면 되는거지 뭐.

娜 英　你的眼睛怎么红红的？
Nǐ de yǎnjing zěnme hónghóng de?

路 路　昨晚开夜车了，下星期有期中考试。
Zuówǎn kāiyèchē le, xià xīngqī yǒu qīzhōng kǎoshì.

娜 英　你学习很用功啊。
Nǐ xuéxí hěn yònggōng a.

路 路　不努力不行啊，奖学金的竞争很厉害。
Bù nǔlì bù xíng a, jiǎngxuéjīn de jìngzhēng hěn lìhai.

娜 英　这次你觉得有把握吗？
Zhè cì nǐ juéde yǒu bǎwò ma?

路 路　这个嘛，我说不好，努力就是了。
Zhè ge ma. Wǒ shuō bu hǎo, nǔlì jiùshì le.

娜 英　我也快要考试了，我们一起学习，怎么样？
Wǒ yě kuàiyào kǎoshì le, wǒmen yìqǐ xuéxí, zěnmeyàng?

路 路　好的。明天我帮你占个座儿。
Hǎo de. Míngtiān wǒ bāng nǐ zhàn ge zuòr.

이것도 외워보세요!

开夜车	kāiyèchē	밤을 새우다	奖学金	jiǎngxuéjīn	장학금
用功	yònggōng	열심히 공부하다	竞争	jìngzhēng	경쟁
把握	bǎwò	자신감, 가능성	厉害	lìhai	심하다, 무섭다, 사납다
快要..了	kuàiyào...le	곧 ~ 하려고 한다	占	zhàn	차리하다, 맡아주다

▶ 这你别哭了, 我给你就是了。
　　Nǐ bié kū le, wǒ gěi nǐ jiùshì le.　　　　　　　울지마세요. 제가 당신에게 주면 되잖아요.

▶ 下雨还是不下雨, 你来就是了。
　　Xià yǔ háishi bú xià yǔ, nǐ lái jiùshì le.　　　　비가 오든 안오든 당신이 오면 되지 뭐.

▶ 你别担心, 我跟他说就是了。
　　Nǐ bié dānxīn, wǒ gēn tā shuō jiùshì le.　　　걱정하지 마세요. 제가 그에게 얘기해주면 되는 거지요.

▶ 别再来找我了, 我还给你就是了。
　　Bié zài lái zhǎo wǒ le, wǒ huán gěi nǐ jiùshì le.
　　　　　　　저를 더 이상 찾아오지마세요. 당신에게 돌려주면 되는 거잖아요.

▶ 太多了吃不完, 拿两个就是了。
　　Tài duō le chī bu wán, ná liǎng ge jiùshì le.　　　너무 많으면 다 못 먹어. 두 개만 가지면 되지 뭐.

▶ 别问那么多, 你把东西带来就是了。
　　Bié wèn nàme duō, nǐ bǎ dōngxi dàilai jiùshì le.　　많은 걸 묻지 말고 물건이나 가져오면 되요.

이것도 외워보세요!

| 哭 | kū | 울다 |
| 担心 | dānxīn | 걱정하다 |

1. 昨晚开夜车了，下星期有期中考试

开夜车는 '일이나 공부로 밤을 새우는 것'을 뜻하는 관용어 입니다.

예) 我昨天开夜车了，今天困死了。　나는 어제 밤을 새워서 오늘 졸려 죽겠어요.

最近因为工作很多，开了几天的夜车，现在有点儿受不了。

최근에 업무가 많아서 며칠 밤을 새웠더니 지금 못 견디겠어요.

2. 这次你觉得有把握吗？

把握는 '자신감'이나 '가능성'을 뜻합니다.

예) 我有很大把握说服他。　　　　　저는 그를 설득할 자신이 있어요.

没有把握的事情，最好不要去做。　가능성이 없는 일은 하지 않는 것이 좋아요.

能不能考上大学，我一点把握都没有。　대학에 붙고 못 붙고에 대해 저는 조금도 자신이 없어요.

3. 我说不好，努力就是了

说不好는 '정확하거나 확실하게 말하기 어렵다'는 뜻입니다.

예) 大家都差不多，谁最优秀，我说不好。　모두 다 비슷해요, 누가 더 우수한지 말하기 어렵군요.

哪种颜色最适合你，我也说不好。

어떤 색깔이 제일 당신에게 어울리는지 저는 말하기 어렵네요.

明天会有多少人来，我也说不好。　　내일 얼마만큼의 사람이 올지 저는 말하기 어렵네요.

| 差不多 chàbuduō 비슷하다 | 适合 shìhé 어울리다 |

01. 테이프의 본문을 듣고 질문에 답해보세요.

1. 今天路路为什么眼睛红红的?

2. 明天路路打算做什么?

02. 테이프를 듣고 빈칸을 채운 후 전체 내용을 다시 한번 말해보세요.

路路快要期中考试了, 所以最近很＿＿＿＿＿。昨天晚上, 路路又开夜车了, 所以今天眼睛红红的。路路很想得＿＿＿＿, 但是竞争很＿＿＿＿, 路路也没有＿＿＿＿, ＿＿＿＿。娜英也要考试了, 可是她＿＿＿＿, 现在才临阵磨枪。两个人＿＿＿＿一起学习, 路路打算明天先去自习室＿＿＿＿。

 이것도 외워보세요!

得	dé	얻다, 획득하다
临阵磨枪	línzhènmóqiāng	전쟁이 임박해서 칼을 갈다, 임박해서 일을 하다
激烈	jīliè	격렬하다
只能	zhǐnéng	단지 ~할뿐이다
自习室	zìxíshì	자습실

상황회화 따라잡기!

시험에 관련된 표현

■ 이번 학기에 배운 것은 모두 시험 봅니다.

这学期学过的都要考。
Zhè xuéqī xué guo de dōu yào kǎo.

■ 이번에 시험을 망칠 줄 생각도 못했어요.

没想到这次考砸了。
Méi xiǎngdào zhè cì kǎo zá le.

| 砸 zá 보어로 쓰여 망친다는 의미 |

■ 이번 시험 내용은 모두 내가 잘 알지 못하는거라 0점을 받았어.

这次考的内容我都不会, 得了个鸭蛋。
Zhè cì kǎo de nèiróng wǒ dōu bú huì, dé le ge yādàn.

■ 이번에 두 과목이 과락이예요.

这次有两门课不及格。
Zhè cì yǒu liǎng mén kè bù jígé.

■ 이번 시험은 저번 시험보다 너무 어려웠어요.

这次考试比上一次难多了。
Zhè cì kǎoshì bǐ shàng yí cì nán duō le.

■ 시험에 이미 동과했으니 서는 마침내 마음이 놓이네요.

考试都通过了，我终于放心了。
Kǎoshì dōu tōngguò le, wǒ zhōngyú fàngxīn le.

■ 이번에 시험을 생각대로 잘 봤어요.

这次考得很理想。
Zhè cì kǎo de hěn lǐxiǎng. | 理想 lǐxiǎng 이상적인 |

我照你的话, 试试做

당신이 말한대로 한번 해 볼게요

24 필수표현

我照你的话, 试试做

당신이 말한대로 한번 해 볼게요

照는 개사로 '~에 따라서, ~대로'라는 의미입니다. 按照 (按)도 비슷한 의미인데 照는 모방에 의미가 있지만 按照 모방의 의미는 없고 제도, 규칙, 기준을 따른다는 의미에만 씁니다.

A 我该怎么办?
Wǒ gāi zěnme bàn?
나는 어떻게 하지?

B 照他说的做就行了。
Zhào tā shuō de zuò jiù xíng le.
그가 말한대로 하면 돼.

나영이는 중국에 온지 6개월이 되었지만 생각처럼 늘지 않는 자신의 실력 때문에 명호에게 고민을 토로한다.

娜英　我来中国已经6个多月了, 我的听力还是很差。
Wǒ lái Zhōngguó yǐjīng liù ge duō yuè le, wǒ de tīnglì háishi hěn chà.

明浩　那你应该多听录音。
Nà nǐ yīnggāi duō tīng lùyīn.

娜英　我每天在听力上下很多功夫, 可还是不行。
Wǒ měitiān zài tīnglìshang xià hěn duō gōngfu, kě háishi bù xíng.

明浩　慢慢来, 哪儿有一口吃成个胖子的。
Mànmān lái, nǎr yǒu yì kǒu chī chéng ge pàngzi de.

不要担心。
Búyào dānxīn.

娜英　你说我要不要换学习方法?
Nǐ shuō wǒ yào bu yào huàn xuéxí fāngfǎ?

明浩　我看你应该多跟中国人打交道。
Wǒ kàn nǐ yīnggāi duō gēn Zhōngguórén dǎjiāodào.

娜英　好的, 我照你的话, 试试做。
Hǎo de, wǒ zhào nǐ de huà, shìshi zuò.

이것도 외워보세요!

差	chà	실력이 낮다, 뒤떨어지다
下功夫	xià gōngfu	시간과 노력을 들이다, 공을 들이다
打交道	dǎjiāodào	어울리다, 왕래를 하다
一口吃成个胖子	yì kǒu chī chéng ge pàngzi	첫술에 배부르랴

你说	nǐ shuō	상대의 의견을 물을때 쓰는 표현
在~上	zài ~ shang	~방면에
换	huàn	바꾸다
试	shì	시도해보다

▶ 我**照**你的意思做。
Wǒ zhào nǐ de yìsi zuò.
당신 뜻대로 할게요.

▶ **照**这样下去, 你肯定会生病的。
Zhào zhèyang xiàqu, nǐ kěndìng huì shēngbìng de.
이렇게 하다가는 당신은 분명 병이 날 거예요.

▶ **照**这个样子再写一遍。
Zhào zhè ge yàngzi zài xiě yíbiàn.
이 모양대로 다시 한번 써봐요.

▶ **按照**规定, 你这样做是不行的。
Ànzhào guīdìng, nǐ zhèyang zuò shì bù xíng de.
규정에 따르면 이렇게 하는 것은 안돼요.

▶ 我们都要**按照**计划来做。
Wǒmen dōu yào ànzhào jìhuà lái zuò.
우리는 계획에 따라서 일을 해야 해요.

▶ 我是**按照**自己的想法做的。
Wǒ shì ànzhào zìjǐ de xiǎngfǎ zuò de.
저는 제 생각대로 한 거예요.

이것도 외워보세요!

生病	shēngbìng	병이나다
下去	xiàqu	계속되다(현재에서 미래까지)
规定	guīdìng	규정
一遍	yíbiàn	한번

1 我的听力还是很差

差는 '나쁘다, 뒤떨어지다, 부족하다' 등의 의미를 가지고 있습니다.

예) 我上中学的时候, 数学成绩一直很差。　저는 중고등학교에 다닐 때 수학 성적이 계속 안 좋았어요.

他的人品很差, 最好不要跟他打交道。　그의 인품은 좋지 않아요. 그와 어울리지 않는 좋겠어요.

我想买这件衣服, 但是还差1万元, 你借点钱给我吧。

이 옷을 사고 싶은데 만원이 부족해서 그러는데 돈 좀 빌려주세요.

| 人品 rénpǐn 인품 |

2 我每天在听力上下很多功夫，可还是不行

下很多는 '시간과 노력을 많이 기울인다' 는 뜻입니다.

예) 这道菜看起来简单, 我可是下了很多功夫的。

이 요리는 보기에 간단하지만 저는 공을 많이 들인 거예요.

这件事情很简单, 我没下多少功夫就做好了。

이 일은 매우 간단해요. 저는 얼마 노력을 들이지 않았는데 다 했어요.

3 我看你应该多跟中国人打交道

我看은 '내가 보기에' 라는 의미로 看은 견해를 나타낼 때 씁니다.

예) 两百块不算贵, 你看呢?　200위안은 비싼편이 아니에요. 당신이 보기에는요?

你觉得很难, 我可不这么看。　당신은 어렵다고 느끼지만 저는 이렇게 보지 않아요.

在我看来, 你还是先不要答应他。　제가 보기에 당신은 아무래도 그의 말에 응해주지 마세요.

| 答应 dāying 응해주다 |

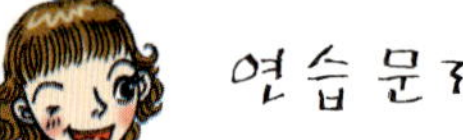 연습문제

01. 테이프의 본문을 듣고 질문에 답해보세요.

1. 娜英的听力不好, 她觉得这是什么原因?

____

2. 明浩说有什么好的学习方法?

____

02. 테이프를 듣고 빈칸을 채운 후 전체 내용을 다시 한번 말해보세요.

娜英和明浩在一起＿＿＿＿＿的事情。娜英觉得自己的听力很 虽然娜英每天都

很努力听录音, 可是听力水平还是很差。娜英怀疑自己的学习方法＿＿＿, 明浩

娜英多和中国人＿＿＿＿＿, 这样才能＿＿＿＿＿。娜英觉得明浩的话很

＿＿＿。所以她决定＿＿＿明浩说的话去做, 明天开始多跟中国人接触。

 이것도 외워보세요!

虽然	suīrán	비록 ~일지라도	建议	jiànyì	건의(하다)
还是	háishi	아직도, 여전히	道理	dàoli	일리, 이치
怀疑	huáiyí	의심스럽다, 의심하다	接触	jiēchù	접촉하다, 가까이하다
方法	fāngfǎ	방법			

상황회화 따라잡기!

도움 주고 받을 때 쓰는 표현

■ 도와드릴까요?

要不要帮忙？
Yào bu yào bāng máng?

■ 이번에 정말 당신 덕분입니다.

这次真是多亏了你。
Zhè cì zhēnshi duōkuī le nǐ.

| 多亏 duōkuī ~덕분이다 |

■ 제가 필요하시면 언제든 저에게 전화하세요.

需要我的时候，随时给我打电话。
Xūyào wǒ de shíhou, suíshí gěi wǒ dǎ diànhuà.

| 随时 suíshí 언제든, 수시로 |

■ 저는 이렇게 많이 들 수 없어요. 저를 도와 들어 주세요.

我拿不了这么多，你帮我拿一些吧。
Wǒ ná bu liǎo zhème duō, nǐ bāng wǒ ná yìxiē ba.

■ 저는 우산을 두 개 가져왔어요. 당신에게 하나 드릴게요.

我带了两把雨伞，分给你一把吧。
Wǒ dài le liǎng bǎ yǔsǎn, fēn gěi nǐ yì bǎ ba.

| 分 fēn 나누어주다 |

■ 제가 쓴 이 문장을 당신은 절 위해 좀 봐주실 수 있나요?

我写的这篇文章，你能不能帮我看一下？
Wǒ xiě de zhè piān wénzhāng, nǐ néng bu néng bāng wǒ kàn yíxià?

■ 만약 당신이 도와주지 않았다면, 저는 9시가 되어도 집에 돌아갈 수 없었을 거예요.

要是没有你帮忙，我9点也回不了家。
Yàoshi méiyǒu nǐ bāng máng, wǒ jiǔ diǎn yě huí bu liǎo jiā.

| 帮忙 bāng máng 도와주다 |

这时候不堵车才怪呢

이때 차가 안 막히면 이상한 거지요

25
필수표현

这时候不堵车才怪呢

이때 차가 안 막히면 이상한 거지요

才는 여기서 강조의 의미로 '~야 말로'로 해석이 됩니다. 才怪呢는 '~야 말로 이상한거다'란 의미입니다. 반문의 어기로 앞의 상황이 벌어지는 것이 지극히 당연한 것이다 라는 뜻입니다.

A 你说他会来吗?
Nǐ shuō tā huì lái ma?

네 생각에 그가 올 것 같아?

B 有这么多好吃的, 他不来才怪呢。
Yǒu zhème duō hǎochī de, tā bù lái cái guài ne.

이렇게 맛있는게 많은데 안 오면 이상한거지.

나영이는 오늘도 길이 막혀서 성공과의 공부약속시간에 좀 늦었다. 방에 들어와서는
어제 자신이 교통체증에 걸렸던 얘기를 하고 있다.

娜 英　昨天我出去回来的时候，我都快急死了。
Zuótiān wǒ chūqu huílai de shíhou, wǒ dōu kuài jí sǐ le.

成 功　怎么了？
Zěnme le?

娜 英　我坐车花了两个小时。
Wǒ zuò chē huā le liǎng ge xiǎoshí.

成 功　正是下班时间，这时候不堵车才怪呢。
Zhèngshi xiàbān shíjiān, zhè shíhou bù dǔ chē cái guài ne.

娜 英　真没想到堵车这么严重。
Zhēn méi xiǎngdào dǔ chē zhème yánzhòng.

成 功　对啊，我在高峰时间都不敢出门。
Duì a, wǒ zài gāofēng shíjiān dōu bùgǎn chūmén.

娜 英　堵车这么厉害，还不如不出门。
Dǔ chē zhème lìhai, hái bùrú bù chūmén.

成 功　你最好避开上下班时间。
Nǐ zuìhǎo bìkāi shàng xià bān shíjiān.

　　　其他时间都没问题。
Qítā shíjiān dōu méi wèntí.

이것도 외워보세요!

正是	zhèngshi	마침, 바로	堵	dǔ	막히다
严重	yánzhòng	심각하다	避开	bìkāi	피하다, 비키다
高峰时间	gāofēng shíjiān	러시아워	最好	zuìhǎo	~하는 것이 제일 낫다
没想到	méi xiǎngdào	생각지 못하다	其他	qítā	다른

▶ 平时不学习, 能考得好**才怪呢**。
Píngshí bù xuéxí, néng kǎo de hǎo cái guài ne. 평소에 공부를 안 했으니 시험을 잘 보는 게 이상하지요.

▶ 这场比赛我们队能赢**才怪呢**。
Zhè chǎng bǐsài wǒmen duì néng yíng cái guài ne.

이번 경기에서 우리 팀이 이길 수 있다면 이상한거지요.

▶ 这么多东西, 我能吃得完**才怪呢**。
Zhème duō dōngxi, wǒ néng chī de wán cái guài ne.

이렇게 많은 음식을 제가 다 먹을 수 있다면 정말 이상한거죠.

▶ 你穿这么少, 不感冒**才怪呢**。
Nǐ chuān zhème shǎo, bù gǎnmào cái guài ne.

이렇게 옷을 조금 입고도 감기에 걸리지 않는다면 정말 이상한거죠.

▶ 你昨天喝了那么多酒, 不头疼**才怪呢**。
Nǐ zuótiān hē le nàme duō jiǔ, bù tóuténg cái guài ne.

어제 그렇게 많은 술을 마시고도 머리가 안 아프다면 정말 이상한거죠.

▶ 你把钱包忘在洗手间里, 不丢**才怪呢**。
Nǐ bǎ qiánbāo wàng zài xǐshǒujiān li, bù diū cái guài ne.

당신이 지갑을 화장실에 놔두고 왔으니, 잃어버리지 않은 게 이상한거죠.

이것도 외워보세요!

平时	píngshí	평소
赢	yíng	이기다
洗手间	xǐshǒujiān	화장실

1 昨天我出去回来的时候，我都快急死了

快+형용사+死了 형식으로 거의 '~ 할지경이다'의 의미로 정도가 심함을 나타냅니다.

예) 我快累死了, 你过来帮我一下。 저는 거의 피곤해 죽겠어요. 이리와서 좀 도와주세요.

　　快把空调打开吧, 我都快热死了。 빨리 에어컨을 커봐요. 더워 죽겠어요.

| 空调 kōngtiáo 에어컨 |

2 堵车这么厉害，还不如不出门

A 不如 B 형식으로 'A보다 B가 낫다' 라는 뜻으로 '더 나은 조건이나 상황' 혹은 '이러는 것이 유리하다' 라고 할 때 자주 씁니다.

예) 我太贵了, 我看不如别买了。　너무 비싸서 나는 사지 않는 것이 낫겠어요.

　才出去两天, 用不着这么多行李, 不如少带点。

　　　　　겨우 이틀 여행가는데 이렇게 많은 짐을 가져갈 필요없어요. 덜 가져가는게 낫죠.

　天气这么热, 去公园还不如逛商场, 那里凉快。

　　　　날이 이렇게 더운데 공원에 가는 것보다 쇼핑을 하는게 낫겠어요. 그 곳은 시원하잖아요.

3 你最好避开上下班时间

最好는 상대에게 좋은 방법을 제안해 줄 때 자주 쓰는 형식입니다.

예) 这种天气最好在家里呆着, 哪里也别去。 이런 날씨에는 집에 있는게 좋지요. 어디도 가지 말아요.

一次最好多买点, 就不用再跑了。 한 번에 많이 사지요. 또 사러 다니지 않게요.

| 呆着 dāizhe 머물러 있다 |

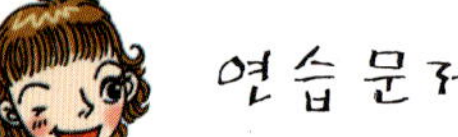 

연습문제

01. 테이프의 본문을 듣고 질문에 답해보세요.

1. 娜英坐车为什么花了两个小时？

2. 成功劝娜英应该怎样做？

02. 테이프를 듣고 빈칸을 채운 후 전체 내용을 다시 한번 말해보세요.

昨天娜英去商场买东西, 回来的时候, 坐车 ＿＿＿＿＿＿＿＿＿。因为那时候

＿＿＿＿＿＿＿＿＿, 所以路上堵车非常厉害。娜英在车上 ＿＿＿＿＿, 她怕耽误

跟同屋的 ＿＿＿＿＿。＿＿＿＿＿＿＿＿ 娜英没想到北京堵车问题这么严重。

成功说他在高峰时间不出门, 如果要出去, ＿＿＿＿＿＿＿＿ 上下班时间。

娜英想高峰时间哪个国家都 ＿＿＿＿, 这个时间路上都很拥挤。

 이것도 외워보세요!

花	huā	소비하다, 쓰다	正好	zhènghǎo	마침
耽误	dānwu	시간을 지체하다가 일을 그릇치다	约会	yuēhuì	약속하다
避开	bìkāi	피하다, 비키다	出门	chūmén	외출하다
拥挤	yōngjǐ	붐비다	劝	quàn	충고하다

상황회화 따라잡기!

달래거나 다독거릴 때 쓰는 표현

- 당신은 이렇게 괴로워하지 마세요. 아셨죠?

你别这么难过，好不好？
Nǐ bié zhème nánguò, hǎo bu hǎo?

- 이것은 당신의 문제가 아니에요. 저를 믿으세요.

这不是你的问题，相信我。
Zhè bú shì nǐ de wèntí, xiāngxìn wǒ.

- 지나간 것이니 너무 많이 생각하지 마세요.

过去了就过去了，别想太多了。
Guòqu le jiù guòqu le, bié xiǎng tài duō le.

- 당신은 아무 문제 없을 거예요. 저의 말을 믿으세요.

你没问题，你就相信我的话。
Nǐ méi wèntí, nǐ jiù xiāngxìn wǒ de huà.

- 이렇게 된 것이 이미 운이 좋은 셈이에요.

这样子已经算是幸运了。
Zhè yàngzi yǐjīng suànshi xìngyùn le.

| 算是 suànshi ~인 셈이다

- 이런 작은 일로 성질부리는 것은 가치가 없어요.

为这点小事情发脾气不值得。
Wèi zhè diǎn xiǎo shìqing fā píqi bù zhíde.

| 发脾气 fā píqi 화를 내다

- 당신 잘못도 아니예요. 화낼 필요없어요.

又不是你的错，你不用生气。
Yòu bú shì nǐ de cuò nǐ bú yòng shēng qì.

- 당신은 이미 최선을 다했다는 거 알아요.

你已经尽力了，这个我清楚。
Nǐ yǐjīng jìnlì le, zhè ge wǒ qīngchu.

| 尽力 jìnlì 힘을 다하다

我光顾说话，忘了给你倒茶了

얘기하는 것에만 정신파는 바람에 차 따라 주는 걸 잊었어요

26 필수표현

我光顾说话，忘了给你倒茶了

얘기하는 것에만 정신파는 바람에 차 따라 주는 걸 잊었어요

光은 '단지', '다만'의 의미이고 顾는 '고려하다, 돌보다'는 의미입니다. 이 두 단어가 함께 쓰여서 '~하는 것만 고려했다' 혹은 '~에만 정신을 팔았다'는 뜻이 됩니다.

A 给我一点儿吧。
Gěi wǒ yìdiǎnr ba.

저에게도 조금 주세요.

B 我光顾自己吃了，不好意思。
Wǒ guāng gù zìjǐ chī le, bùhǎo yìsi.

제가 혼자만 먹었네요, 미안해요.

나영이는 북대에서 공부하는 친구를 만나러 왔다.

朋　友　你是怎么找来的？
Nǐ shì zěnme zhǎo lái de?

娜　英　多亏了一个北大学生，他带我来的。
Duōkuī le yí ge Běidà xuésheng, tā dài wǒ lái de.

朋　友　最近过得还好吗？
Zuìjìn guò de hái hǎo ma?

娜　英　还好，你呢？
Hái hǎo, nǐ ne?

朋　友　学习比较紧张，压力很大。
Xuéxí bǐjiào jǐnzhāng, yālì hěn dà.

娜　英　你好像变漂亮了。
Nǐ hǎoxiàng biàn piàoliang le.

朋　友　是吗？
Shì ma?

娜　英　我有点儿口渴，有没有水？
Wǒ yǒu diǎnr kǒukě, yǒu méiyǒu shuǐ?

朋　友　我光顾说话，忘了给你倒茶了。
Wǒ guāng gù shuō huà, wàng le gěi nǐ dào chá le.

　　　　你等一会儿。
Nǐ děng yíhuìr.

이것도 외워보세요!

多亏	duōkuī	덕분에, 다행히
紧张	jǐnzhāng	(공부나 일) 바쁘다, 긴장하다
压力	yālì	스트레스

| 变…了 | biàn… le | ～으로 변하다 |
| 口渴 | kǒukě | 목이 마르다 |

▶ 你**光顾**着生气有什么用?
Nǐ guāng gùzhe shēng qì yǒu shénme yòng?

당신이 화만 내는 것이 무슨 소용이나요?

▶ 我们**光顾**说话, 坐过了站.
Wǒmen guāng gù shuō huà, zuò guò le zhàn.

우리가 얘기에 신경쓰다 하다가 정거장을 지나쳤네요.

▶ 我**光顾**跟你聊天, 忘了给你东西。
Wǒ guāng gù gēn nǐ liáotiān, wàng le gěi nǐ dōngxi.

제가 당신과 이야기만 하느라 물건 드리는 것을 잊었어요.

▶ 你别**光顾**看电视, 什么时候写作业?
Nǐ bié guāng gù kàn diànshì, shénme shíhou xiě zuòyè?

텔레비전만 보지 마세요, 언제 숙제를 하려고 합니까?

▶ 我**光顾**公司的事儿, 没有好好关心你。
Wǒ guāng gù gōngsī de shìr, méiyǒu hǎohāo guānxīn nǐ.

제가 회사 일에만 매달려서 당신에게 관심을 잘 가져주지 못했어.

▶ 我**光顾**招呼客人, 忘了你还在这里。
Wǒ guāng gù zhāohu kèren, wàng le nǐ hái zài zhèli.

제가 손님 접대에만 신경쓰느라 당신이 여기에 아직 있었던 것을 잊었어요.

▶ 你看都7点了, 我们**光顾**说话, 还没做饭呢。
Nǐ kàn dōu qī diǎn le, wǒmen guāng gù shuō huà, hái méi zuò fàn ne.

보세요, 일곱시가 다 되었네요.우리가 이야기만 하느라 아직 식사 준비도 못했어요.

 이것도 외워보세요!

坐过了站	zuòguò le zhàn	정류장을 지나쳐가다
关心	guānxīn	관심(관심을 갖다)
招呼	zhāohu	접대하다

1. 多亏了一个北大学生, 他带我来的

多亏는 '어떤 원인으로 인해 좋지 않은 상황을 모면하거나 좋은 이익을 얻었다'고 할 때 쓸 수 있으며 '~덕분에', '~로 다행히' 라고 해석됩니다. 뒤에는 종종 了를 동반합니다.

예) 多亏了你来接我, 要不我会迷路的。

다행히 당신이 저를 마중와서 그렇지 안그랬으면 저는 길을 잃었을 거예요.

多亏你的帮助, 我才能这么容易办完了。

당신의 도움으로 제가 이렇게 쉽게 일을 마쳤어요.

我们的汉语水平提高了很多, 多亏你教得很好。

우리들의 중국어 수준이 많이 향상된 것은, 당신이 잘 가르쳐 주셔서예요.

| 迷路 mílù 길을 잃다 |

2. 最近过得还好吗?

过는 '보내다' 라는 뜻입니다.

예) 每年过年的时候你们都干什么?   매년 설에 당신들은 무엇을 하나요?

这次你要怎么给你女朋友过生日?   이번에 당신은 어떻게 여자친구 생일을 보내 줄 거예요?

爷爷过着幸福的晚年。   할아버지는 행복한 말년을 보내고 계십니다.

| 幸福 xìngfú 행복 |

3. 你好像变漂亮了

变은 '변하다' 라는 의미입니다. 뒤에 형용사를 붙여서 '-로 변하다' 라고 밀할 수 있습니다.

예) 这几年没见了, 他完全变了。   몇 년 못봤더니 그는 완전히 변했습니다.

你怎么突然变胖了?   당신은 왜 갑자기 뚱뚱해졌지요?

我经过这事以后, 变聪明了。   저는 이 일을 겪고 나서 똑똑해졌어요.

| 突然 tūrán 갑자기 | 经过 jīnguò 겪다, 거치다 |

01. 테이프의 본문을 듣고 질문에 답해보세요.

1. 娜英在北大迷路了以后, 发生了什么事情?

____

2. 见到了朋友, 她们聊了一会儿, 但是朋友忘了什么事情?

____

02. 테이프를 듣고 빈칸을 채운 후 전체 내용을 다시 한번 말해보세요.

娜英第一次来北大，她来看朋友。北大非常大, 娜英一会儿就______了。

这时候一个北大的学生__________, 带她到了朋友的宿舍楼。朋友说最

近学习压力很大。__________, 娜英觉得非常______, 可是朋友______说

话, 忘了给她倒茶。

 이것도 외워보세요!

迷路	mílù	길을 잃다
渴	kě	목이 마르다

상황회화 따라잡기!

사람이나 물건을 찾을 때 쓸 수 있는 표현

■ 어디에 갔었어요? 제가 사방으로 당신을 찾아다녔어요.
　　你跑哪儿去了？ 我到处找你。
　　Nǐ pǎo nǎr qù le? Wǒ dàochù zhǎo nǐ.

■ 손목시계 봤나요? 찾을 수가 없네요.
　　你看到我的手表了吗？ 我找不着了。
　　Nǐ kàn dào wǒ de shǒubiǎo le ma? Wǒ zhǎo bu zháo le.

■ 당신을 도와 찾아볼게요. 찾으면 당신에게 알려주지요.
　　我帮你找找看, 找到了就通知你。
　　Wǒ bāng nǐ zhǎozhao kàn, zhǎo dào le jiù tōngzhī nǐ.

■ 그녀는 아마도 이웃집에 있을 거예요. 가서 보세요.
　　她可能在隔壁, 你去看看。
　　Tā kěnéng zài gébì, nǐ qù kànkan.

■ 제가 책을 책상 위에 놓아 두었는데 어떻게 금새 보이지 않지요?
　　我把书放在桌子上, 怎么一会儿就不见了呢？
　　Wǒ bǎ shū fàng zài zhuōzi shang, zěnme yíhuìr jiù bú jiàn le ne?

■ 여기저기 뒤져볼 필요없어요. 돈이 바로 책상위에 있잖아요.
　　你不要翻来翻去, 钱就在桌子上呢。
　　Nǐ bú yào fānláifānqù, qián jiù zài zhuōzi shang ne.

| 翻来翻去 fān lái fān qù 여기저기를 뒤지다 |

■ 사람이 너무 많아서 친구와 떨어지게 되었어요.
　　人太多, 我跟朋友走散了。
　　Rén tài duō, wǒ gēn péngyou zǒu sàn le.

| 走散 zǒu sàn (무리) 흩어지다 |

请转告她，就说今晚的聚会取消了

오늘 모임이 취소되었다고 그에게 전해주세요

27
필수표현

请转告她，就说今晚的聚会取消了

오늘 모임이 취소되었다고 그에게 전해주세요

就说는 상대에게 '바로 이렇게 말해주세요' 라는 의미이며 말을 상대에게 전해달라고 할때 잘 씁니다.

A 我跟他见了面, 怎么说啊?
Wǒ gēn tā jiàn le miàn, zěnme shuō a?

내가 그와 만나면 어떻게 말하지?

B 就说我病了, 来不了。
Jiùshuō wǒ bìng le, lái bu liǎo.

그냥 병이 나서 올 수 없다고 해.

나영이는 방짝 션티엔(深田)을 찾는 전화를 받는데 방짝이 없어서 나영이가 대신 메모를 받아둔다.

娜　英　喂，您好，请问您找谁？
　　　　Wéi, nín hǎo, qǐngwèn nín zhǎo shuí?

中国人　您好，请问深田在吗？
　　　　Nín hǎo, qǐngwèn Shēntián zài ma?

娜　英　哦，她有事儿出去了，您有什么要紧的事儿吗？
　　　　Ò, tā yǒu shìr chūqu le, nín yǒu shénme yàojǐn de shìr ma?

中国人　请转告她，就说今晚的聚会取消了。
　　　　Qǐng zhuǎngào tā, jiùshuō jīnwǎn de jùhuì qǔxiāo le.

娜　英　好的，我一定转告她。
　　　　Hǎo de, wǒ yídìng zhuǎngào tā.

　　　　您还有其他的事儿吗？
　　　　Nín háiyǒu qítā de shìr ma?

中国人　没了，谢谢你。
　　　　Méile, xièxie nǐ.

이것도 외워보세요!

要紧 yàojǐn	중요한 , 심각한	转告 zhuǎngào　전달하다
聚会 jùhuì	모임	其他 qítā　다른
取消 qǔxiāo	취소하다	

▶ 这你告诉他, **就说**我今晚去不了。
Nǐ gàosu tā, jiùshuō wǒ jīnwǎn qù bu liǎo.　　그에게 제가 오늘 밤 갈 수 없다고 말해 주세요.

▶ 你别跟他说实话, **就说**你不知道。
Nǐ bié gēn tā shuō shíhuà, jiùshuō nǐ bù zhīdào.　　그에게 솔직하게 말하지 마시고 모른다고 하세요.

▶ 他来电话了？ **就说**我不在。
Tā lái diànhuà le? Jiùshuō wǒ búzài.　　그에게 전화가 왔어요? 제가 없다고 해주세요.

▶ 他来找我, **就说**我去南方出差了。
Tā lái zhǎo wǒ, jiùshuō wǒ qù nánfāng chūchāi le.

그가 와서 저를 찾는다면, 제가 남방으로 출장 갔다고 말하세요.

▶ 如果他又来借钱, **就说**没钱。
Rúguǒ tā yòu lái jièqián, jiù shuō méi qián.　　만약 그가 다시 와서 돈을 빌린다면 돈이 없다고 해요.

▶ 你跟大家讲一下, **就说**定在星期六。
Nǐ gēn dàjiā jiǎng yíxià, jiùshuō dìng zài xīngqīliù.　　당신이 모두에게 말해요. 토요일로 정해졌다구요.

이것도 외워보세요!

说实话	shuō shíhuà	솔직하게 말하다
出差	chūchāi	출장가다
借	jiè	빌리다

1 您有什么要紧的事儿吗?

要紧은 '중요한, 심각한' 이란 뜻이고 不要紧 형태로도 잘 쓰입니다.

예) 这件事情很要紧, 你先安排一下。　　이 일은 매우 중요해요. 먼저 계획을 좀 짜보세요.

　　我有要紧的事要跟你商量。　　나는 중요한 일로 당신과 상의를 하려고 해요.

　　我的病不要紧, 过几天就会好的。　　제 병은 심각하지 않아요. 며칠만 지나면 괜찮아질 거예요.

2 我一定转告她

转告는 내용을 '다른 사람에게 전달하다' 는 뜻입니다. 뒤에는 반드시 목적어가 나와야 합니다.

예) 我今天公司开会, 你转告小李一下。　　오늘 회사에서 회의하는데 당신은 시아오리에게 전해주세요.

　　我忘了, 我没有转告你的同屋。　　제가 잊어버려서, 당신의 룸메이트에게 전하지 않았어요.

01. 테이프의 본문을 듣고 질문에 답해보세요.

    1. 那个人打电话来有什么事儿？

    ____

    2. 深田在哪里？

    ____

02. 테이프를 듣고 빈칸을 채운 후 전체 내용을 다시 한번 말해보세요.

有人打电话来找娜英的同屋, 但是她的同屋 ________________。第一次

________, 娜英突然感到有点儿紧张。 娜英就问对方是不是有什么 ____ 的

事儿。那个人让娜英 ____ 同屋, 就说今晚的 ____ 了。________, 娜英

想：同屋她什么时候会回来？

이것도 외워보세요!

碰上	pèngshang	~일과 만나다
放下	fàngxià	(전화기) 내려놓다

상황회화 따라잡기!

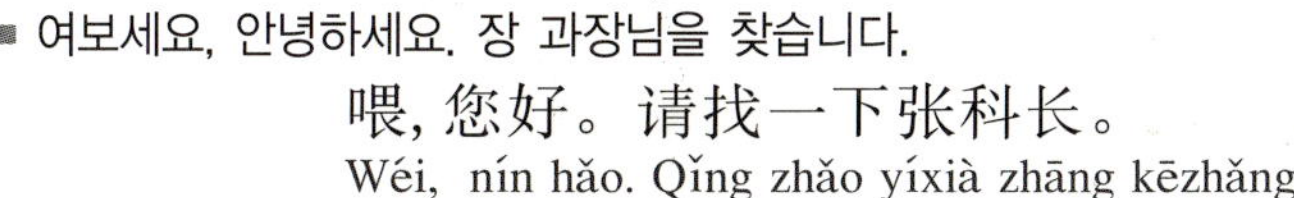

전화 걸거나 받을 때 쓰는 표현

■ 여보세요, 안녕하세요. 장 과장님을 찾습니다.

喂，您好。请找一下张科长。

Wéi, nín hǎo. Qǐng zhǎo yíxià zhāng kēzhǎng.

■ 여보세요, 여기는 万达회사 입니다. 어느분을 찾으십니까?

喂，这里是万达公司，请问您找哪位？

Wéi, zhèli shì Wàndá gōngsī, qǐngwèn nín zhǎo nǎ wèi?

■ 저희 사장님은 안 계십니다. 무슨 남기실 말씀 있으십니까?

我们经理不在，您有什么留言吗？

Wǒmen jīnglǐ búzài, nín yǒu shénme liúyán ma?

■ 그는 지금 회의 중입니다. 30분 이후에 다시 전화 걸어 주십시오.

他现在正在开会，请30分钟以后再来电话。

Tā xiànzài zhèngzài kāi huì, qǐng sānshí fēnzhōng yǐhòu zài lái diànhuà.

■ 중요한 일이 있어서요 지금 전화를 받으라고 해주세요.

我有重要的事情，请他现在听电话。

Wǒ yǒu zhòngyào de shìqing, qǐng tā xiànzài tīng diànhuà.

■ 여보세요, 안녕하세요. 308호로 전화를 돌려주세요.

喂，您好，请转一下308房。

Wéi, nín hǎo, qǐng zhuǎn yíxià sānlíngbā fáng.

■ 죄송합니다만 전화를 잘못 거신 것 같네요. 여기는 은행이 아니에요.

对不起，您打错了，这里不是银行。

Duìbuqǐ, nín dǎ cuò le, zhèli bú shì yínháng.

除了我还有谁去?

저 이외에 또 누가 가나요?

28
필수표현

除了我还有谁去?

저 이외에 또 누가 가나요?

除了는 격식으로 以外가 문장 뒤에 오기도 합니다. '~을 제외하고는' 이란 뜻이며 뒷 문장에는 还/也, 都, 就是이 쓰이는데 어떤 부사를 쓰느냐에 따라 의미가 달라집니다. 还가 나오면 '~을 제외하고 또 이런 상황'도 있다는 말투로 '보충'의 의미입니다. 그러나 都가 나오면 '~을 제외하고는, ~을 빼고는' 이란 의미로 '제외'를 나타냅니다. 就是가 나오면 두가지 상황이 교차로 발생하거나 한 가지 상황만 계속된다는 뜻입니다.

A 除了米饭, 还有什么?
　　Chúle mǐfàn, háiyǒu shénme?　　　　밥 이외에 또 무엇이 있나요?

B 没有了, 就吃米饭吧。
　　Méiyǒu le, jiù chī mǐfàn ba.　　　　없어요. 밥 드세요.

성공이 나영이에게 놀러나가자고 전화를 했다.

成 功	喂，娜英在吗？
	Wéi, Nàyīng zài ma?
娜 英	是我，成功吗？
	Shì wǒ, Chénggōng ma?
成 功	还好你还没出去。
	Hái hǎo nǐ hái méi chūqu.
娜 英	我正要出去呢。什么事儿？
	Wǒ zhèngyào chūqu ne. Shénme shìr?
成 功	你晚上有时间的话，我们一起去蹦迪怎么样？
	Nǐ wǎnshang yǒu shíjiān dehuà, wǒmen yìqǐ qù bèngdī zěnmeyàng?
娜 英	除了我还有谁去？
	Chúle wǒ háiyǒu shuí qù?
成 功	都是你认识的几个朋友，大概5个人去。
	Doū shì nǐ rènshi de jǐ ge péngyou, dàgài wǔ ge rén qù.
娜 英	好啊，去哪家啊？远不远？
	Hǎo a, qù nǎjiā a? Yuǎn bu yuǎn?
成 功	不远。坐出租车不到15分钟。
	Bù yuǎn. Zuò chūzūchē bú dào shíwǔ fēnzhōng.
娜 英	晚上8点，我在学校门口等你。
	Wǎnshang bā diǎn, wǒ zài xuéxiào ménkǒu děng nǐ.
成 功	成。
	Chéng.

 이것도 외워보세요!

正要	zhèngyào	마침 ~하려고 하다
蹦迪	bèngdī	나이트에서 춤을 추다
等	děng	기다리다
成	chéng	가능하다

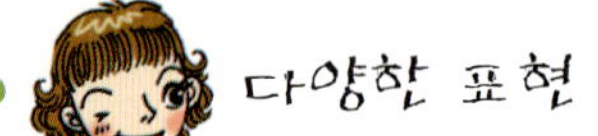

▶ 我**除了**去过北京, 上海, 还去过天津。

Wǒ chúle qù guo Běijīng, Shànghǎi, hái qù guo Tiānjīn.

저는 북경, 상해 이외에 천진에 가본적이 있습니다.

▶ **除了**我, 还有几个人要去。

Chúle wǒ, háiyǒu jǐ ge rén yào qù.

저 이외에 몇 명의 사람이 더 가려고 합니다.

▶ 他**除了**钱, 什么都没有。

Tā chúle qián, shénme dōu méiyǒu.

그는 돈 이외에 무엇도 가진 것이 없습니다.

▶ 房子里**除了**一张桌子, 什么人都没有。

Fángzili chúle yì zhāng zhuōzi, shénmerén dōu méiyǒu.　방안에는 책상 하나 말고는 어떤 사람도 없습니다.

▶ 他整天**除了**玩儿游戏, 就是睡觉。

Tā zhěngtiān chúle wánr yóuxì, jiùshì shuì jiào.

그는 온종일 게임하지 않으면 잠만 잡니다.

▶ 我**除了**上课就是去图书馆, 一般不出去。

Wǒ chúle shàng kè jiùshi qù túshūguǎn, yìbān bù chūqu.

그는 수업 듣는거 아니면 도서관에만 갑니다. 일반적으로 외출하지 않습니다.

整天	zhěngtiān	온종일, 맨날
一般	yìbān	일반적으로

1. 还好你还没出去

还好 '그런대로 잘 되었다'는 뜻으로 다행히 어떤 일이 잘 되었거나 나쁜 상황을 모면했을 때 쓸 수 있습니다. 문장 앞에 쓰며 단독으로도 쓸 수 있습니다.

예) 还好你还没出发, 我有事来找你。

다행히 네가 아직 출발하지 않았구나. 일이 있어서 널 찾아왔어.

还好现在不下雨, 趁着不下雨, 你马上走吧。

다행히 지금 비가 내리지 않으니 비가 안 내리는 동안 어서 가.

还好, 我没伤着, 不用去医院了。

다행이예요. 저는 다치지 않았어요. 병원에 갈 필요없어요.

| 趁着 chènzhe ~을 틈타 | 伤着 shāngzhao 다치다 |

2. 我正要出去呢

正要는 '막~하려하다'라는 뜻입니다.

예) 我正要打你的手机呢.　　나는 막 너에게 핸드폰 하려던 참이었어.

她正要上车的时候, 我叫了她。　그녀가 막 차를 타려고 하는데 내가 그녀를 불렀어.

我正要去找你, 你就来了。　内가 막 너를 찾으러 가려고 하는데 네가 왔어.

3. 坐出租车不到15分钟

到는 '장소에 도착하다'라는 의미 말고 뒤에 시간이나 수량과 함께 쓰여 그정도에 도달한다는 뜻이있습니다.

예) 现在还没到吃饭的时间呢, 你再忍30分钟吧。

지금 밥먹을 시간이 안 되었어. 30분만 더 참아라.

看起来他还不到三十岁, 他可能比你小。

보기에 그는 아직 30살이 안 넘었을 것 같다. 그는 아마 너보다 어릴거야.

 연습문제

01. 테이프의 본문을 듣고 질문에 답해보세요.

1. 成功打电话找娜英有什么事情？

____

2. 今晚都有谁去？

____

02. 테이프를 듣고 빈칸을 채운 후 전체 내용을 다시 한번 말해보세요.

 이것도 외워보세요!

放松	fàngsōng	긴장이나 스트레스를 풀다
约好	yuē hǎo	약속을 잡다
迪厅	dītīng	나이트클럽
见面	jiàn miàn	만나다

상황회화 따라잡기!

사람 대하기에 관한 표현

■ 그는 저에게 잘해줍니다.

他对我很好。
Tā duì wǒ hěn hǎo.

■ 그녀는 사람에게 친절합니다.

他对人很亲切。
Tā duì rén hěn qīnqiè.

■ 그녀는 저에게 냉랭하게 대해요.

她对我太冷淡了。
Tā duì wǒ tài lěngdàn le.

■ 그는 저를 완전히 무시해요.

他根本就不把我放在眼里。
Tā gēnběn jiù bù bǎ wǒ fàngzài yǎnli.

| 不把~放在眼里 안중에도 없다 |

■ 그는 저를 그의 남동생처럼 대해줘요.

他对待我就像对他弟弟一样。
Tā duìdài wǒ jiù xiàng duì tā dìdi yíyàng.

■ 정말 그녀가 왜 나한데 잘해줬다 쌀쌀맞게 대헀다 하는지 모르겠어요.

真不明白她为什么对我忽冷忽热。
Zhēn bù míngbai tā wèishénme duì wǒ hūlěnghūrè.

| 忽~忽~ hū~ hū ~했다가 ~했다가 한다 |

■ 모두들 그를 따돌려요.

大家都很排斥他。
Dàjiā dōu hěn páichì tā.

| 排斥 páichì 배척하다 |

那里的小吃又好吃又便宜

그곳의 음식은 맛있고 값도 쌉니다

29
필수표현

那里的小吃**又**好吃**又**便宜

그곳의 음식은 맛있고 값도 쌉니다

又~ 又~ 두가지 상황이 함께 존재하거나 사물이 두가지 성질을 가지고 있을 때 쓰는 격식으로 '~하기도 하고 ~하기도 하다'로 해석됩니다.

A 你想不想去?
Nǐ xiǎng bu xiǎng qù?

당신은 가고 싶으세요?

B 我**又**想去**又**不想去。
Wǒ yòu xiǎng qù yòu bù xiǎng qù.

저는 가고 싶기도 하고 가기 싫기도 해요.

명호는 왕푸징에 小吃를 먹으으러 가자고 나영이에게 제안한다.

明　浩　晚上要不要一起去吃宵夜？
Wǎnshang yào bu yào yìqǐ qù chī xiāoyè?

我领你去一个好地方。
Wǒ lǐng nǐ qù yíge hǎo dìfang.

娜　英　什么地方呢？
Shénme dìfang ne?

明　浩　听说过王府井小吃街吗？很有名。
Tīng shuō guo Wángfǔjǐng xiǎochījiē ma? Hěn yǒumíng.

娜　英　我最喜欢吃小吃了。
Wǒ zuì xǐhuan chī xiǎochī le.

明　浩　那里的小吃又好吃又便宜。
Nàli de xiǎochī yòu hǎochī yòu piányi.

娜　英　你带30块钱够了。
Nǐ dài sānshí kuài qián gòu le.

那今天晚上7点在宿舍门口见。
Nà jīntiān wǎnshang qīdiǎn zài sùshè ménkǒu jiàn.

明　浩　好吧。那就这么说定了。
Hǎo ba. Nà jiù zhème shuōdìng le.

娜　英　不见不散！
Bújiàn búsàn!

明　浩　不见不散！
Bújiàn búsàn!

이것도 외워보세요!

宵夜	xiāoyè	야식
领	lǐng	데려가다
王府井	Wángfǔjǐng	왕푸징(장소)
不见不散	bújiàn búsàn	만나지 않으면 흩어지지 않는다, 꼭 보자

▶ 我**又**兴奋**又**紧张，不知道为什么。
Wǒ yòu xīngfèn yòu jǐnzhāng, bù zhīdào wèishénme.

저는 흥분되기도 하고 긴장되기도 해요, 왜 그런지 모르겠어요.

▶ 这种工作**又**苦**又**累，而且工资也少。
Zhè zhǒng gōngzuò yòu kǔ yòu lèi, érqiě gōngzī yě shǎo.

이러한 일은 힘들고 피곤해요, 게다가 월급도 적어요.

▶ 他长得**又**高**又**帅，很多女孩子喜欢他。
Tā zhǎng de yòu gāo yòu shuài, hěnduō nǚháizi xǐhuan tā.

그는 키도 크고 잘 생겨서 많은 여학생들이 그를 좋아해요.

▶ 她做的菜**又**辣**又**咸，我不喜欢吃。
Tā zuò de cài yòu là yòu xián, wǒ bù xǐhuan chī.

그녀가 만든 음식은 맵고도 짜서 저는 좋아하지 않아요.

▶ 这件衣服**又**贵**又**不好看，你买它干什么？
Zhè jiàn yīfu yòu guì yòu bù hǎokàn, nǐ mǎi tā gàn shénme?

이 옷은 비싸고 예쁘지도 않은데 그것을 사서 뭐하려고 하니?

▶ 他的新家**又**大**又**干净，真羡慕他呀。
Tā de xīnjiā yòu dà yòu gānjing, zhēn xiànmu tā ya.　그의 새집은 크고 깨끗해요, 정말 그가 부럽네요.

이것도 외워보세요!

兴奋	xīngfèn	(기뻐서)흥분하다
工资	gōngzī	월급
帅	shuài	잘 생기다

| 羡慕 | xiànmu | 부럽다 |
| 干净 | gānjing | 깨끗하다 |

1 我领你去一个好地方

领은 '사람을 데리고 가다' 혹은 '이끌고 가다' 라는 의미가 있습니다. 그 밖에 '수령하다'의 의미도 있습니다.

예) 她一个人要领五个小孩, 忙得满头大汗。

그녀 혼자 5명의 아이를 인솔해야하는데 바빠서 머리가 온통 땀입니다.

妈妈领着孩子上街。　　엄마가 아이를 이끌고 쇼핑을 합니다.

这个月的工资我还没有领。　이번 달의 월급을 저는 아직 수령하지 못했습니다.

| 满头大汗 mǎntóudàhàn 온 머리가 땀투성이다 |

2 你带30块钱够了

够는 '충분하다' 는 뜻입니다. 이 밖에 '지나치게 많다' 는 의미가 있는데 짜증이 섞인 말투가 됩니다.

예) 我我一个人吃够了。　　저 혼자 먹기에 충분합니다.

每个月200万元的生活费完全够了。　매월 200만원의 생활비면 완전히 충분합니다.

够了, 你不要再说了。　됐어요, 더 말하지 마세요.

01. 테이프의 본문을 듣고 질문에 답해보세요.

1. 明浩晚上要领娜英去什么地方做什么？

____

2. 他们需要带多少钱？

____

02. 테이프를 듣고 빈칸을 채운 후 전체 내용을 다시 한번 말해보세요.

在北京有 ___________，在王府井，那里的小吃又好吃又便宜。晚上明浩要

娜英去王府井吃小吃。　明浩说，去吃小吃，带30块钱就够了，而且那儿

的小吃 ___________，___________。一听这么便宜，娜英很高兴，马上就

了。他们 ___________ 晚上7点在宿舍门口见面以后就出发。

이것도 외워보세요!

条	tiáo	가늘고 긴 명사의 양사
答应	dāying	응하다, 대답하다
出发	chūfā	출발하다
五花八门	wǔhuābāmén	각양각색(종류가 많음)

상황회화 따라잡기!

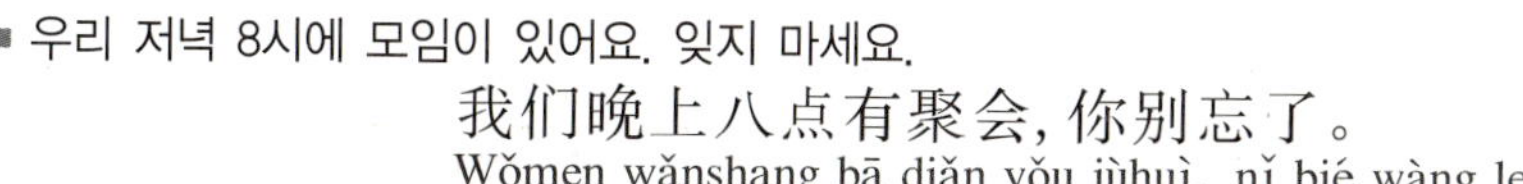

약속 잡을 때 자주 쓰는 표현

■ 우리 저녁 8시에 모임이 있어요. 잊지 마세요.

我们晚上八点有聚会, 你别忘了。

Wǒmen wǎnshang bā diǎn yǒu jùhuì, nǐ bié wàng le.

■ 저녁에 시간이 있습니까? 당신께 식사 대접을 하고 싶습니다.

晚上有时间吗？ 我想请你吃饭。

Wǎnshang yǒu shíjiān ma? Wǒ xiǎng qǐng nǐ chī fàn.

■ 우리 주말에 영화 보러 가자요. 어때요?

我们周末去看电影, 你看好不好？

Wǒmen zhōumò qù kàn diànyǐng, nǐ kàn hǎo bu hǎo?

■ 내일은 안되요. 모레로 미루죠.

明天不行, 推到后天吧。

Míngtiān bù xíng, tuī dào hòutiān ba.

| 推 tuī 미루다 |

■ 제가 9시까지 그녀를 기다렸지만 오지 않았어요. 바람맞았어요.

我等到九点她也没来, 被放鸽子了。

Wǒ děng dào jiǔ diǎn tā yě méi lái, bèi fàng gēzi le.

| 被放鸽子了 bèi fàng gēzi le 바람맞다 (관용어) |

■ 오후 3시에 만나기로 정했으ㅣ 제발 지각하지 미세요.

见面时间定在下午三点, 你千万别迟到啊。

Jiàn miàn shíjiān dìng zài xiàwǔ sāndiǎn, nǐ qiānwàn bié chídào le.

| 定 dìng 정하다 |

■ 시중심 광장에서 만나기로 했어요. 우리 택시를 타고 가죠.

约会地点在市中心广场, 我们打车去吧。

Yuēhuì dìdiǎn zài shìzhōngxīn guǎngchǎng, wǒmen dǎchē qù ba.

哪儿能空手去?

어떻게 빈 손으로 가요?

30
필수표현

哪儿能空手去?

어떻게 빈 손으로 가요?

哪儿能의 뜻은 '怎么可能'과 같습니다.
여기서 哪儿은 의문대명사 '어디'의 의미가 아니고 반문의 의미입니다.

A 你怎么不高兴?
Nǐ zěnme bù gāoxìng?

왜 기분이 좋지 않니?

B 发生这样的事，我哪儿能高兴?
Fāshēng zhèyang de shì, wǒ nǎr néng gāoxìng?

이런 일이 생겼는데 어떻게 기쁠 수가 있니?

나영이는 로로의 초대를 받고 무슨 선물을 사가지고 갈까 고민을 한다.

路 路　星期天到我家来玩吧。
Xīngqītiān dào wǒ jiā lái wán ba.

我妈做菜可好吃了。
Wǒ mā zuò cài kě hǎochī le.

娜 英　行啊。我带点儿什么去好呢？
Xíng a. Wǒ dài diǎnr shénme qù hǎo ne?

路 路　什么都不用带，带张嘴就够了。
Shénme dōu bú yòng dài, dài zhāng zuǐ jiù gòu le.

娜 英　那怎么行啊？
Nà zěnme xíng a?

去你家做客，哪儿能空手去？
Qù nǐ jiā zuòkè, nǎr néng kōngshǒu qù?

路 路　随你的便吧。
Suí nǐ de biàn ba.

娜 英　你爸一定喜欢酒，我就带瓶酒吧。
Nǐ bà yídìng xǐhuan jiǔ, wǒ jiù dài píng jiǔ ba.

이것도 외워보세요!

张	zhāng	입의 양사
空手	kōngshǒu	빈손
做客	zuòkè	손님으로 초대받다
随便	suíbiàn	마음대로

▶ **上司叫我去, 我哪儿能不去?**

Shàngsi jiào wǒ qù, wǒ nǎr néng bú qù?　　　상사가 저를 부르는데 제가 어떻게 가지 않을 수 있어요?

▶ **外面雨下得这么大, 哪儿能去爬山?**

Wàimian yǔ xià de zhème dà, nǎr néng qù pá shān?

바깥에 비가 이렇게나 많이 오는데 어떻게 산에 오를 수 있어요?

▶ **十年以前的事了, 我哪儿能想起来?**

Shínián yǐqián de shì le, wǒ nǎr néng xiǎng qǐlai?　　　십년 전 일을 제가 어떻게 생각해 낼 수 있어요?

▶ **那天我也在, 我哪儿能不知道?**

Nà tiān wǒ yě zài, wǒ nǎr néng bù zhīdào?　　　그날 저도 있었는데 제가 어떻게 모를 수 있어요?

▶ **他喝了那么多酒, 哪儿能不醉?**

Tā hē le nàme duō jiǔ, nǎr néng bú zuì?　　그가 그렇게 술을 많이 마셨는데 어떻게 취하지 않을 수 있어요?

▶ **你穿的这么少, 哪儿能不感冒?**

Nǐ chuān de zhème shǎo, nǎr néng bù gǎnmào?

옷을 이렇게 얇게 입으니 어떻게 감기에 안 걸릴 수가 있어요?

이것도 외워보세요!

上司	shàngsi	상사
感冒	gǎnmào	감기

어법포인트

1 去你家做客，哪儿能空手去？

空은 1성으로 읽으면 '비어있는'이라는 의미입니다. 4성으로 읽으면 '여유' 나 '틈'의 의미가 됩니다.

예) 这是空箱子，你拿去用吧。 이것은 빈상자예요. 가져가서 쓰세요.

　　肚子很空，我想吃东西。 배가 비어서 뭘 좀 먹고 싶어요.

　　我明天没有空。 저는 내일 시간이 없습니다.

| 箱子 xiāngzi 상자 |

2 随你的便吧

随便은 '마음대로'라는 의미가 있습니다.

예) 这件事你不能随便说出去。 이 일은 함부로 말해서는 안되요.

　　我们随便聊吧。 우리 아무거나 얘기하죠.

　　随你的便，我什么都行。 당신 마음대로 하세요. 저는 다 괜찮아요.

01. 테이프의 본문을 듣고 질문에 답해보세요.

1. 娜英为什么喜欢去路路的家？

____

2. 娜英决定带什么礼物？

____

02. 테이프를 듣고 빈칸을 채운 후 전체 내용을 다시 한번 말해보세요.

路路邀请娜英星期天去她家玩。娜英很想去, 因为路路的妈妈做菜非常好吃。

空手去太 _____________ ，可是娜英也不知道 _________________________ 。

路路说 _________ ，可是娜英想, 说是这么说, 哪能不带东西去 ______ 。

娜英决定带一瓶酒。

이것도 외워보세요!

邀请	yāoqǐng	요청하다, 초대하다
做客	zuòkè	손님이 되다
哪能	nǎnéng	어찌 할 수 있는가

상황회화 따라잡기!

초대에 관련된 표현

- 주말에 저는 당신을 저희 집으로 초대 하고 싶어요.

周末我想邀请你到我家来坐坐。

Zhōumò wǒ xiǎng yāoqǐng nǐ dào wǒ jiā lái zuòzuo.

- 오늘 저녁 모임에 오실 수 있습니까?

今晚的聚会，你能来吗？

Jīn wǎn de jùhuì, nǐ néng lái ma?

- 일을 다 마치면 곧 서둘러 갈게요.

我把事情办完了，马上就赶过去。

Wǒ bǎ shìqing bàn wán le, mǎshàng jiù gǎn guòqu.

| 赶 gǎn 서두르다 |

- 안심하세요. 저는 반드시 제시간에 도착할게요.

放心吧，我一定准时到。

Fàngxīn ba, wǒ yídìng zhǔnshí dào.

- 죄송합니다. 아마 오늘 갈수 없을 것 같아요.

真不好意思，我恐怕今天不能去了。

Zhēn bùhǎo yìsi, wǒ kǒngpà jīntiān bù néng qù le.

- 저는 아직 더 바쁘게 할 일이 있습니다, 오늘은 안 되겠네요.

我还有一些事情要忙，今天就算了吧。

Wǒ háiyǒu yìxiē shìqing yào máng, jīntiān jiù suàn le ba.

买 手 纸

一个男子看见一家商店大减价, 便走了进去。

"您买些什么?"

"我想买狗食。"

"我们有规定, 您必须证明您有狗。"

"哪儿有这样的规定?"

"减价商品就是这样。"

男子与售货员磨了半天, 售货员还是不同意卖给他。没有办法, 男子只好回家把狗带来, 才买到了狗食。过了几天, 男子又去这家商店买猫食。

"给我两盒猫食。"

"我们有规定, 您必须证明您有猫。"

还是那个售货员, 男子又与她磨蹭了半天, 结果还是不得不回家把猫带来才买到了猫食。又过了几天, 男子抱着挖有一个洞的大纸箱来到那家商店, 找到那个售货员。

"您买些什么?"

"你把手伸进去就知道。"

售货员把手伸了进去: "是什么呀, 粘乎乎的。"

"我想买两卷儿手纸。"

화장지를 사다

한 남자가 '할인 중' 이라는 상점의 광고를 보고 걸어 들어갔다.

"손님, 뭘 사시려고요?"

"개 사료를 사려고요."

"우리 상점에 규정이 있어요. 손님께서 개를 가지고 있는 것을 반드시 증명하셔야 합니다."

"무슨 이런 규정이 다 있어요?"

"할인 상품은 이렇게 판매합니다."

남자는 판매원과 한참 실랑이를 벌였지만 판매원은 끝까지 팔지 않으려 했다. 어쩔 도리 없이 남자는 집에 돌아가서 개를 데려와서야 개 사료를 살 수 있었다. 며칠이 지나고 남자는 또 이 상점에서 고양이 사료를 사려고 했다.

"고양이 사료 두 봉지요."

"우리 상점에는 규정이 있어요. 손님께서 고양이를 가지고 있다는 것을 반드시 증명하셔야 합니다."

또 그 판매원이었다. 남자는 그 여자와 한참을 실랑이 했지만 결국은 하는 수 없이 고양이들 데리고 와서야 고양이 사료를 샀다.

또 며칠 후, 남자는 구멍이 하나 뚫려있는 종이 상자를 안고 상점에 가서는 그 판매원을 찾았다.

"손님, 뭘 사시려고요?"

"당신이 손을 안에 뻗어보면 알 거요."

판매원이 손을 뻗어보았다.

"뭐죠? 물컹물컹한 느낌."

"난 두루마리 화장지 2개가 필요해요."

大减价	dàjiǎnjià	할인, 세일	抱	bào	안다
狗食	gǒushí	개 사료	挖	wā	파다, 뚫다
规定	guīdìng	규정	大纸箱	dàzhǐxiāng	큰 종이 상자
证明	zhèngmíng	증명하다	伸进去	shēn jìnqu	뻗어 넣다
磨蹭	mó ceng	실랑이를 벌이다, 상대에게 매달리다	粘乎乎	nián hūhū	끈적 끈적하다, 손에 달라붙는 모양
猫食	māoshí	고양이 사료	卷	juǎn	(양사) 말려있는 모양의 명사에 씀
不得不	bù de bù	하는 수 없이	手纸	shǒuzhǐ	화장지, 티슈

您做的菜比饭馆做的都强

만드신 요리가 식당보다 더 낫네요

31
필수표현

您做的菜比饭馆做的都强

만드신 요리가 식당보다 더 낫네요

比는 비교문으로 A 比 B 라고 하면 'A는 B보다' 라고 해석합니다. 强은 힘이나 역량이 세다는 의미 말고 '정도가 높거나 수준이 낫다' 는 의미가 있습니다.

A 我觉得他做的菜比饭馆做的都强。
Wǒ juéde tā zuò de cài bǐ fànguǎn zuò de dōu qiáng.

그가 만든 음식은 식당보다 나은 것 같아요.

B 对, 他可以开饭馆了。
Duì, tā kěyǐ kāi fànguǎn le.

맞아요. 식당 차려도 되겠어요.

娜　英　我今天玩得很高兴，谢谢您的招待。
Wǒ jīntiān wán de hěn gāoxìng, xièxie nín de zhāodài.

妈　妈　哪里，招待不周。
Nǎli, zhāodài bùzhōu.

看来你吃得惯中国菜。
Kànlái nǐ chī de guàn Zhōngguócài.

娜　英　是。开始有点儿不习惯，可是现在喜欢吃。
Shì. Kāishǐ yǒudiǎnr bù xíguàn, kěshì xiànzài xǐhuan chī.

我觉得您的手艺非常好。
Wǒ juéde nín de shǒuyì fēicháng hǎo.

您做的菜比饭馆做的都强。
Nín zuò de cài bǐ fànguǎn zuò de dōu qiáng.

妈　妈　是吗？那你以后有空常来坐。
Shì ma? Nà nǐ yǐhòu yǒu kòng cháng lái zuò.

我和路路送送你。
Wǒ hé Lùlu sòngsong nǐ.

娜　英　不用送了，请留步吧。
Búyòng sòng le, qǐng liúbù ba.

妈　妈　我就不远送了，路上小心点儿。
Wǒ jiù bù yuǎn sòng le, lùshang xiǎoxīn diǎnr.

이것도 외워보세요!

招待	zhāodài	접대, 대접하다
吃得惯	chī de guàn	먹는데 습관이 되다
手艺	shǒuyì	솜씨

送	sòng	배웅하다
留步	liúbù	나오지 마세요 (마중하는 주인에게 나오지 말라고 할 때 쓰는 말)

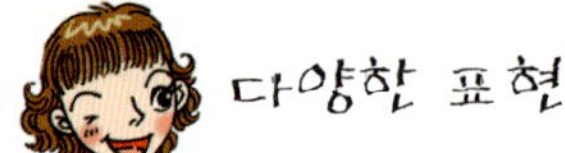

▶ **在学习方面, 你比我强。**
Zài xuéxí fāngmiàn, nǐ bǐ wǒ qiáng.
공부방면에서는 당신이 저보다 훨씬 나아요.

▶ **我的病比前些天强多了。**
Wǒ de bìng bǐ qián xiē tiān qiáng duō le.
제 병은 몇 일 전보다 훨씬 괜찮아요.

▶ **你还是放弃吧, 他比你强。**
Nǐ háishi fàngqì ba, tā bǐ nǐ qiáng.
당신은 아무래도 포기해해요. 그는 당신보다 훨씬 나아요.

▶ **他比我强, 我怎么能赢?**
Tā bǐ wǒ qiáng, wǒ zěnme néng yíng?
그는 저보다 훨씬 뛰어난데 제가 어떻게 이길 수 있겠어요.

▶ **他不比你强多少, 你不用害怕他。**
Tā bùbǐ nǐ qiáng duōshao, nǐ bú yòng hàipà tā.
그는 당신보다 얼마 뛰어나지 못하니 그를 두려워할 필요없어요.

▶ **我再怎么努力, 也没有他强。**
Wǒ zài zěnme nǔlì, yě méiyǒu tā qiáng.
제가 아무리 노력을 한다 해도 그보다 낫지 못해요.

放弃	fàngqì	포기하다
赢	yíng	이기다
害怕	hàipà	두려워하다
A 不比 B	A bùbǐ B	A가 B보다 못한건 아니다.(A≤B)
多少	duōshao	얼마

1 哪里，招待不周

招待는 '접대, 접대하다, 대접하다'는 의미입니다. 不周는 '주도면밀하지 못하다'는 의미로 招待不周는 '접대가 소홀하다, 변변치 못하다'라고 할 때 씁니다.

예) 她对客人招待得很周到。　　그녀는 손님들을 세심하게 접대합니다.

你要好好儿招待每一个客人。　　당신은 매 손님을 잘 대접해야 해요.

我们招待不周, 不好意思。　　저희 접대가 많이 부족했지요. 죄송하네요.

| 周到 zhōudào 주도면밀하다 |

2 看来你吃得惯中国菜

吃得惯은 '먹어서 습관이 되었다'는 뜻으로 惯이 가능보어로 쓰여 어떤 일을 하는데 습관이 된다는 의미입니다.

예) 我吃不惯香菜, 请你不要放。

저는 시앙차이 먹는 것이 습관이 안 되었어요. 넣지 말아주세요.

我听不惯摇滚音乐, 因为我不喜欢这种太吵的音乐。

난 락을 못 듣겠어. 왜냐하면 난 이런 시끄러운 음악은 좋아하지 않거든.

| 摇滚音乐 yáogǔn yīnyuè 락 |

3 不用送了, 请留步吧

留步는 마중을 나오는 사람에게 '나오지 말라고' 할 때 쓰는 표현입니다. 留는 남다, 남겨두다 등의 의미가 있습니다.

예) 请留步, 别送了。　　나오지 마세요. 마중나오실 필요없어요.

她给我留下了很深刻的印象。　　그녀는 나에게 깊은 인상을 남겼습니다.

你把收据留着, 别丢了。　　영수증을 잘 두세요. 잃어버리지 마세요.

| 深刻 shēnkè 깊은 | 印象 yìnxiàng 인상 | 收据 shōujù 영수증 |

01. 테이프의 본문을 듣고 질문에 답해보세요.

1. 现在娜英很喜欢吃中国菜, 可是刚来中国的时候呢?

____

2. 娜英到了路路的家有什么感觉?

____

02. 테이프를 듣고 빈칸을 채운 후 전체 내용을 다시 한번 말해보세요.

刚来中国的时候, 娜英 __________, 可是现在非常喜欢吃。路路的妈妈

做菜的 __________, 娜英一有空就去路路家。今天娜英在路路家玩得很 ____,

吃到了很多好吃的菜, 真是 __________。娜英称赞路路的妈妈做菜的 ____ 非常

好, 娜英临回家时, 路路的妈妈也对娜英说, 让她以后常来玩。娜英去路路家

__________, 感觉很 __________。

刚	gāng	방금, 막	感觉	gǎnjué	느낌
称赞	chēngzàn	칭찬(하다)	让	ràng	~하게 하다, ~하도록 시키다
手艺	shǒuyì	솜씨			
临	lín	~ 임박해서(뒤에 동사가 나오면 그 동작이 임박함을 나타냄)			

상황회화 따라잡기!

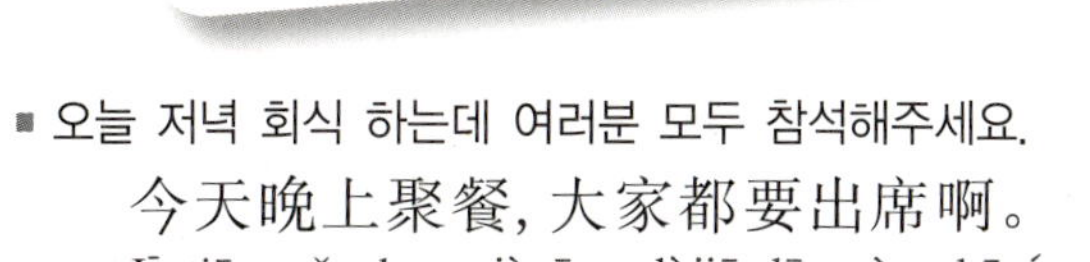

■ 오늘 저녁 회식 하는데 여러분 모두 참석해주세요.

今天晚上聚餐，大家都要出席啊。

Jīntiān wǎnshang jùcān, dàjiā dōu yào chūxí a.

■ 내일 내 생일 파티를 여는데 너도 와서 함께 놀자.

明天我办生日晚会，你也来玩儿吧。

Míngtiān wǒ bàn shēngrì wǎnhuì, nǐ yě lái wánr ba.

■ 회사 창립 10주년을 축하하기 위해서 우리는 기념식을 거행하려고 합니다.

为了庆祝公司成立10周年，我们要举办一个典礼。

Wèile qìngzhù gōngsī chénglì shí zhōunián, wǒmen yào jǔbàn yí ge diǎnlǐ.

| 典礼 diǎnlǐ 기념식, 의식 |

■ 회사에서 연말에 행사를 개최합니다. 노래자랑, 게임 등 많은 행사가 있습니다.

公司年末举办联欢会，有唱歌比赛，游戏等等很多活动。

Gōngsī niánmò jǔbàn liánhuānhuì, yǒu chàng gē bǐsài, yóuxì děngděng hěn duō huódòng.

| 联欢会 liánhuānhuì 모임, 행사 |

■ 오늘 연회에 여러분 모두 양복을 입으세요.

今天的宴会，请大家穿西装。

Jīntiān de yànhuì, qǐng dàjiā chuān xīzhuāng.

■ 내일 모임에 여러분은 자유롭게 입고 오셔도 됩니다.

明天的聚会，大家可以穿得随便一点儿。

Míngtiān de jùhuì, dàjiā kěyǐ chuān de suíbiàn yìdiǎnr.

| 聚会 jùhuì (개인적)모임 |

等我们祈祷完了,再去那边转一转吧

우리가 기도를 다 드린 후에 저쪽에 가서 좀 돌아보지요

32
필수표현

等我们祈祷完了, 再去那边转一转吧
우리가 기도를 다 드린 후에 저쪽에 가서 좀 돌아보지요

等의 뒤에 동사구나 짧은 문장이 나오면 '~할 때까지' 혹은 '~한 이후에' 라는 의미로 동작의 시점을 말합니다. 뒷 문장에는 就(곧, 즉시), 再(다시), 才(~해서야 비로서)등이 함께 어울려 나옵니다.

A 我们先走还是等他?
Wǒmen xiān zǒu háishi děng tā?

우리 우선 갈까? 아니면 그를 기다릴까?

B 等他来了, 再走吧。
Děng tā lái le, zài zǒu ba.

그를 기다렸다가 가도록 하자

나영이와 성공은 함께 천단공원에 도착한 후 공원을 둘러보고 있다.

娜 英　天坛公园可真大。　一天都转不过来。
Tiāntán gōngyuán kě zhēn dà. Yì tiān dōu zhuàn bu guòlai.

成 功　再往前走一会儿，就到祈年殿了。
Zài wǎng qián zǒu yíhuìr, jiù dào Qíniándiàn le.

娜 英　天坛公园是皇帝们来玩的地方吗？
Tiāntán gōngyuán shì huángdìmen lái wán de dìfang ma?

成 功　不是。　在古代，这里是皇帝们祭天的地方。
Bú shì.　Zài gǔdài, zhè lǐ shì huángdìmen jì tiān de dìfang.

娜 英　我们也像皇帝一样祈祷，怎么样？
Wǒmen yě xiàng huángdì yíyàng qídǎo, zěnmeyàng?

成 功　你想祈祷什么？
Nǐ xiǎng qídǎo shénme?

　　　你是不是想祈祷早点儿找到意中人？
Nǐ shì bu shì xiǎng qídǎo zǎodiǎnr zhǎodào yìzhōngrén?

娜 英　不告诉你，秘密！
Bú gàosu nǐ, mìmi.

成 功　等我们祈祷完了，再去那边转一转吧。
Děng wǒmen qídǎo wán le, zài qù nàbiān zhuàn yi zhuàn ba.

娜 英　好的。
Hǎo de.

 이것도 외워보세요!

转不过来	zhuàn bu guòlai	다 돌아볼 수 없다	祈祷	qídǎo	기도드리다
祈年殿	Qíniándiàn	기년전	意中人	yìzhōngrén	마음속으로 좋아하는 사람
皇帝	huángdì	황제	秘密	mìmi	비밀
祭天	jì tiān	하늘에 제사를 드리다			

▶ 等爸爸回家，我们再吃饭。
Děng bàba huíjiā, wǒmen zài chī fàn.

아빠께서 오시면 그 다음에 밥을 먹도록 하자.

▶ 等你写完作业，再出去玩儿。
Děng nǐ xiě wán zuòyè, zài chūqu wánr.

너는 숙제를 다 하고 난 후에 나가 놀아라.

▶ 等孩子睡着了，我才出去。
Děng háizi shuì zháo le, wǒ cái chūqu.

아이가 잠이 들고 나서야 저는 나갔어요.

▶ 等你到家了，你就给我发短信。
Děng nǐ dào jiā le, nǐ jiù gěi wǒ fā duǎnxìn.

집에 도착하자마자 제게 문자 메시지 남겨주세요.

▶ 等你工作了，就能明白挣钱多不容易。
Děng nǐ gōngzuò le, jiù néng míngbai zhèng qián duō bù róngyì.

당신은 일을 해 봐야만 돈 버는 것이 얼마나 쉽지 않은지 알 수 있을거에요.

▶ 等我男朋友毕业了，我就跟他结婚。
Děng wǒ nánpéngyou bìyè le, wǒ jiù gēn tā jié hūn.

제 남자친구가 졸업을 하고 나면 저는 그와 결혼할 거에요.

이것도 외워보세요!

短信	duǎnxìn	문자 메시지
挣钱	zhèngqián	돈을 벌다
毕业	bìyè	졸업하다

1 一天都转不过来

转不过来는 다 돌아보지 못한다는 의미로 过来가 가능보어로 쓰여 '시간, 능력, 수량이 충분해서 다 완성할 수 있음' (~得过来)을 나타냅니다. 여기서는 '다 돌아볼 수 없다' (~不过来)는 뜻입니다.

예) 五本书, 一个星期内我看不过来。 다섯권의 책을 일주일 내에 나는 다 볼 수 없어요.

这么多活, 我一个人干不过来。 이렇게 많은 일을 나는 혼자서 다 해낼 수 없어요.

这么多地方, 我们一天跑不过来。 이렇게 많은 장소를 우리는 하루에 다 돌아볼 수 없어요.

| 干活 gànhuó 일을 하다 |

2 我们也像皇帝一样祈祷, 怎么样?

像...一样은 '마치 ~인 것 같다'는 뜻입니다.

예) 他长得黑, 像非洲人一样。 그는 까매서 아프리카 사람 같아요.

他像没发生什么事一样。 그는 마치 아무 일도 일어나지 않은 것 같아요.

她像小孩儿一样, 高兴得跳起来了。 그녀는 어린아이 같아요. 좋아서 뛰기 시작했어요.

| ~起来 qǐlai 보어로써 동작이 시작되어 계속됨을 나타냄 |

3 你是不是想祈祷早点儿找到意中人?

意中人은 '마음 속으로 좋아하는 사람'을 말합니다.

예) 你是不是有了意中人? 너는 좋아하는 사람이 생긴거 아니니?

你别想着给她介绍什么男朋友了, 她已经有意中人了。

너는 그녀에게 남자친구를 소개시켜줄 생각말아라. 그녀는 이미 좋아하는 사람이 있어.

| 想着 xiǎng zhe 생각하고 있다 |

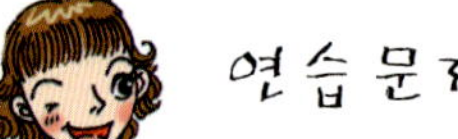

01. 테이프의 본문을 듣고 질문에 답해보세요.

　　1. 在古代, 祈年殿是什么地方?

　　　　____

　　2. 娜英想祈祷什么? 成功知道吗?

　　　　____

02. 테이프를 듣고 빈칸을 채운 후 전체 내용을 다시 한번 말해보세요.

> 周末娜英和成功一起去天坛公园玩。天坛公园很大，他们＿＿＿＿＿＿＿，才到
>
> 祈年殿。在古代，这里是＿＿＿＿＿＿＿＿＿。周围的游客很多，很多人都
>
> 去＿＿＿。 娜英也想去祈祷，成功很想知道娜英要祈祷什么，可是娜英不告诉
>
> 他。＿＿＿＿＿＿＿＿，回到学校，娜英累得＿＿＿就睡。

이것도 외워보세요!

周末	zhōumò	주말	一整天	yìzhěngtiān	하루종일
古代	gǔdài	고대, 옛날	祈祷	qídǎo	기도하다, 빌다
游客	yóukè	여행객	倒头	dǎotóu	옆으로 눕다

상황회화 따라잡기!

기도나 소원을 빌때 쓰는 표현

■ 오로지 시험에 통과할 수 있기를 바래요.

但愿我的考试能通过。

Dànyuàn wǒ de kǎoshì néng tōngguò.

| 但愿 dànyuàn 오로지~를 바란다 |

■ 저는 온 가족들의 건강을 위해 기도합니다.

我为全家人的健康祈祷。

Wǒ wèi quánjiārén de jiànkāng qídǎo.

| 为~ ~wèi ~을 위해서 |

■ 저는 올해 그가 돌아와서 저와 생일을 함께 보내주기를 기도 드려요.

我祈祷今年他能回来陪我过生日。

Wǒ qídǎo jīnnián tā néng huílai péi wǒ guò shēngrì.

■ 당신이 하루빨리 회복되시기를 바래요.

祝愿你早日康复。

Zhùyuàn nǐ zǎorì kāngfù.

| 早日康复 zǎorì kāngfù 회복을 바랄 때 쓰는 말임 |

■ 저는 그가 하루빨리 제 곁으로 돌아오기를 희망해요.

我希望他早日回到我身边。

Wǒ xīwàng ta zǎorì huí dào wǒ shēnbiān.

■ 하느님, 제발 그가 이 일을 알지 못하도록 해주세요.

上帝啊，千万不要让他知道这件事。

Shàngdì a, qiānwàn bú yào ràng tā zhīdào zhè jiàn shì.

| 千万 qiānwàn 제발, 부디 |

太贵了，我买不起

너무 비싸네요. 저는 살 수 없어요

33
필수표현

太贵了，我买不起

너무 비싸네요. 저는 살 수 없어요

买不起는 '비싸서 혹은 돈이 없어서 살 수 없다'는 뜻입니다. 起는 능력을 나타내는데 동사＋不起는 '~을 할 능력이 안 된다'는 의미로 종종 금전방면의 능력을 나타내는 말로 쓰입니다.

A 这辆车很不错。
Zhè liàng chē hěn búcuò.　　　이 차 참 좋네요.

B 别看了，你买不起。
Bié kàn le, nǐ mǎi bu qǐ.　　　보지 말아요. 당신은 못 사요.

娜 英	老板, 这个手提包多少钱? 是不是假的?
	Lǎobǎn, zhè ge shǒutíbāo duōshao qián? Shì bu shì jiǎ de?

老 板	这是真货, 我们这儿比大商场便宜多了, 才三百块。
	Zhè shì zhēn huò, wǒmen zhèr bǐ dàshāngchǎng piányi duō le, cái sānbǎi kuài.

娜 英	太贵了, 我买不起, 老板便宜一点儿, 150块吧。
	Tài guì le, wǒ mǎi bu qǐ, lǎobǎn piányi yìdiǎnr, yìbǎiwǔshí kuài ba.

老 板	卖150块我就赔本了。
	Mài yìbǎiwǔshí kuài wǒ jiù péiběn le.
	这样吧, 一百八, 不能再便宜了。
	Zhèyang ba, yìbǎibā, bù néng zài piányi le.

娜 英	再让一点价吧。 就150块卖给我吧。
	Zài ràng yìdiǎn jià ba. Jiù yìbǎiwǔshí kuài mài gěi wǒ ba.
	我真的只有150块。
	Wǒ zhēn de zhǐ yǒu yìbǎiwǔshí kuài.

老 板	一百五就一百五吧, 你可真会砍价。
	Yìbǎiwǔ jiù yìbǎiwǔ ba, nǐ kě zhēn huì kǎn jià.

手提包	shǒutíbāo	손가방	大商场	dàshāngchǎng	큰 상점(백화점, 할인매장 등 큰 상점)
老板	lǎobǎn	주인, 지배인, 기업주	赔本	péiběn	손해보다, 밑지다
假	jiǎ	가짜	让价	ràng jià	가격을 양보하다, 가격을 낮추다
货	huò	물건	砍价	kǎn jià	가격을 흥정하다

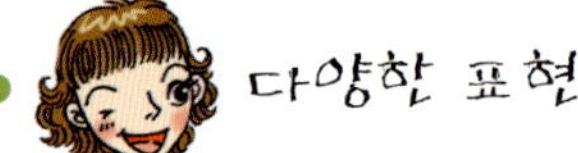

▶ 这么贵的跑车，我可**买不起**。
Zhème guì de pǎochē, wǒ kě mǎi bu qǐ.　　　　이렇게 비싼 스포츠카는 저는 정말 살 수가 없어요.

▶ 最近丢了工作，房租都要**交不起**了。
Zuìjìn diū le gōngzuò, fángzū dōu yào jiāo bu qǐ le.　최근에 직장을 잃어서 집세조차도 낼 수가 없어요.

▶ 你要去滑雪，我可**玩不起**。
Nǐ yào qù huáxuě, wǒ kě wán bu qǐ.

당신은 스키를 타러 갈려고 하는군요. 저는 돈이 없어 놀 수가 없어요.

▶ 这道菜要300块？我们**吃不起**。
Zhè dào cài yào sānbǎi kuài? Wǒmen chī bu qǐ.　　　이 음식이 300위안이라구요? 우리는 못 먹겠네요.

▶ **买不起**就别买，找便宜的吧。
Mǎi bu qǐ jiù bié mǎi, zhǎo piányi de ba.　　　　살 수 없으면 사지 말죠. 싼 것을 찾아봐요.

▶ 这样大手大脚的女孩子，谁能**养得起**呢？
Zhèyang dàshǒudàjiǎo de nǚháizi, shuí néng yǎng de qǐ ne?

이렇게 돈을 헤프게 쓰는 여자를 누가 먹여 살릴 수 있겠어요?

跑车	pǎochē	스포츠카	滑雪	huáxuě	스키타다
丢	diū	잃어버리다, 잃다	大手大脚	dàshǒudàjiǎo	돈을 막 쓰다, 돈을 헤프게 쓰다
交	jiāo	내다	养	yǎng	부양하다, 먹여 살리다

1   我们这儿比大商场便宜多了，才三百块

才가 '수량 앞에 쓰여 수량이 적음'을 나타냅니다.

예) 她才五岁就认识很多字了。   그녀는 겨우 5살인데 많은 글자를 압니다.

才给我两个吗? 你给的太少。   겨우 나한테 2개주는 거야? 너 너무 적게 준다.

我昨天开夜车了，早上才睡两个小时就去上班了。

나는 어제 밤을 새우고 아침에 겨우 2시간 자고 출근하러 갔어요.

2   再让一点价吧

让은 '양보하다', '비키다'라는 의미가 있는데 여기서는 '가격을 양보하다'라는 말입니다.

예) 大家让一下，我在搬东西。   모두 좀 비켜주세요. 제가 물건을 운반 중입니다.

坐车看到有老人要给他们让座。   차에 타서 노인이 보이면 그들에게 자리를 양보해야 해요.

这件事我不能再让步了。   이 일을 저는 더 양보 못해요.

| 搬 bān 옮기다 | 让座 ràng zuò 자리를 양보하다 | 让步 ràng bù 양보하다 |

3   一百五就一百五吧

就의 앞뒤에 같은 말이 반복해서 쓰이년 용인의 어감을 나타냅니다. '상관없다' 혹은 '~년 ~한 것이다' 이런 말투가 됩니다.

예) 小就小点儿，现在你凑合穿吧。   작으면 작은거지 지금은 그냥 대충 입어요.

吃粥就吃粥，总比饿着肚子强。   죽을 먹으면 먹는지요. 어쨌든 배 곯는거 보다 낫지요.

丢就丢了，你哭有什么用?   잃어버린 거면 잃어버린거지. 운다고 무슨 소용이야?

| 凑合 còuhe 대충 때우다 | 粥 zhōu 죽 |

01. 테이프의 본문을 듣고 질문에 답해보세요.

1. 在市场买东西有什么特点?

____

2. 那个手提包老板说多少钱? 最后娜英多少钱买了?

____

02. 테이프를 듣고 빈칸을 채운 후 전체 내용을 다시 한번 말해보세요.

娜英来到市场, 她想 ___________。这里的价格比大商场便宜，而且还可以

___________。娜英看到了一个很漂亮的手提包, 一问价格, 要300块。以前听朋友

说, 在这种地方, ___________, 一般都能买下来。　娜英就和老板砍价,

最后150块买到了那个漂亮的手提包。

要	yào	원하다
一般	yìbān	일반적으로
价格	jiàgé	가격
最后	zuìhòu	최후, 맨 마지막

상황회화 따라잡기!

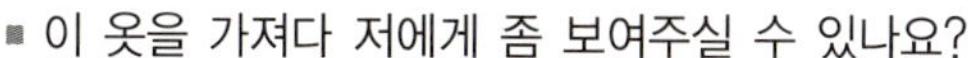

옷을 살 때 쓰는 표현

■ 이 옷을 가져다 저에게 좀 보여주실 수 있나요?

这件衣服可以拿给我看一下吗？

Zhè jiàn yīfu kěyǐ ná gěi wǒ kàn yíxià ma?

■ 제가 좀 입어봐도 될까요?

我可以试穿一下吗？

Wǒ kěyǐ shì chuān yíxià ma?

| 试 shì 시도히디 |

■ 이 바지는 조금 타이트 하네요. 좀 더 헐렁한 것 있나요?

这条裤子有点瘦，有没有肥一点儿的？

Zhè tiáo kùzi yǒudiǎn shòu, yǒu méiyǒu féi yìdiǎnr de?

| 瘦 shòu 타이트하다 |

■ 색깔이 좀 더 옅은 것 있나요?　有没有颜色浅一点的？

Yǒu méiyǒu yánsè qiǎn yìdiǎn de?

| 浅 qiǎn 색이 옅다 |

■ 저는 겨울에 입는 외투를 하나 사려고 해요.

我想买一件冬天穿的大衣。

Wǒ xiǎng mǎi yí jiàn dōngtiān chuān de dàyī.

■ 모양은 괜찮은데, 단지 색깔이 너무 알록달록하다.

样式不错，就是颜色太花了。

Yàngshì búcuò, jiùshi yánsè tài huā le.

| 花 huā 색이 알록달록하다 |

■ 요즘 뭐 좀 새로운 스타일이 있어요?　最近有什么新款式吗？

Zuìjìn yǒu shénme xīn kuǎnshì ma?

要不是你，我还忘了

당신이 아니었다면 저는 잊었을 거예요

34
필수표현

要不是你，我还忘了

당신이 아니었다면 저는 잊었을 거예요

要不是는 如果不是因为…의 의미로 '만일 ~이 아니었다면' 이라는 뜻입니다.
要不是는 앞 문장에 쓰이며 가정을 나타냅니다.

A 他是我们上次见过的那个人。
Tā shì wǒmen shàng cì jiàn guo de nà ge rén.

그는 우리가 지난번에 본 적이 있는 그 사람이에요.

B 要不是你说，我还想不起来呢。
Yào bu shì nǐ shuō, wǒ hái xiǎng bu qǐ lái ne.

당신이 말하지 않았다면 저는 생각이 안 났을 거예요.

명호와 나영이는 대동으로 여행을 가기로 하고 준비에 바쁘다.

明 浩	明天我们坐火车去旅行，要准备什么？
	Míngtiān wǒmen zuò huǒchē qù lǚxíng, yào zhǔnbèi shénme?

娜 英	准备一些在火车上吃的东西，还有词典。
	Zhǔnbèi yì xiē zài huǒchē shang chī de dōngxi, hái yǒu cídiǎn.

明 浩	去旅行还要学习啊？
	Qù lǚxíng hái yào xuéxí a?

带词典很麻烦吧。
Dài cídiǎn hěn máfan ba.

娜 英	只带一本小词典，不麻烦。
	Zhǐ dài yì běn xiǎo cídiǎn, bù máfan.

还有，我们明天早上7点出发，收拾好火车票。
Háiyǒu, wǒmen míngtiān zǎoshang qī diǎn chūfā, shōushi hǎo huǒchēpiào.

明 浩	对了，火车票。要不是你，我还忘了。
	Duì le, huǒchēpiào. Yào bú shì nǐ, wǒ hái wàng le.

娜 英	我知道你有健忘症嘛。
	Wǒ zhīdào nǐ yǒu jiànwàngzhèng ma.

回到宿舍，马上收拾好火车票。
Huí dào sùshè, mǎshàng shōushi hǎo huǒchēpiào.

明 浩	谢谢你提醒我。
	Xièxie nǐ tíxǐng wǒ.

이것도 외워보세요!

准备	zhǔnbèi	준비하다, ～하려하다
旅行	lǚxíng	여행하다
收拾	shōushi	챙기다, 꾸리다
健忘症	jiànwàngzhèng	건망증

▶ **要不是**他打电话, 我还睡过头了。
Yào bú shì tā dǎ diànhuà, wǒ hái shuì guòtóu le. 만일 그가 전화해주지 않았더라면 저는 늦잠 잤을거예요.

▶ **要不是**他给我钱, 我还来不了呢。
Yào bú shì tā gěi wǒ qián, wǒ hái láibuliǎo ne.

만일 그가 저에게 돈을 주지 않았더라면 저는 올 수 없었을 거예요.

▶ **要不是**他帮我, 我还做不完呢。
Yào bú shì tā bāng wǒ, wǒ hái zuòbuwán ne.   만일 그가 도와주지 않았더라면 저는 다 못했을 거예요.

▶ **要不是**堵车, 我们就准时到了。
Yào bú shì dǔchē, wǒmen jiù zhǔnshí dào le.

만일 차가 막히는 것만 아니었다면 우리는 정시에 도착했을 거예요.

▶ **要不是**警察来了, 他就跑了。
Yào bú shì jǐngchá lái le, tā jiù pǎo le.   만일 경찰이 오지 않았더라면 그는 도망갔을 거예요.

▶ **要不是**钱不够, 我就买了。
Yào bú shì qián búgòu, wǒ jiù mǎi le.   돈이 부족하지 않았다면 저는 샀을거예요.

 이것도 외워보세요!

睡过头	shuì guòtóu	잠을 늦게까지 자다
堵车	dǔ chē	차가 막히다
准时	zhǔnshí	정시에
不够	búgòu	충분하지 않다

1 明天我们坐火车去旅行，要准备什么？

准备는 '사전에 준비하다' 라는 의미와 조동사로 '~할 계획이다' 打算의 의미와 비슷한 뜻이 있습니다.

예) 明天开会你要发言, 事先准备一下吧。　내일 회의하는데 발표하셔야 해요. 사전에 준비 좀 하세요.

我报了一个班, 准备明年考公务员。

저는 고시 학원에 등록을 했는데 내년에 공무원 시험에 응시할 거예요.

我正在攒钱, 准备买一套房子。　저는 돈을 모으고 있어요. 집을 한 채 사려고 해요.

| 报 bào 등록하다 | 班(培训班 péixùnbān (고시학원)의 줄임말) | 攒 zǎn 돈을 모으다 | 房子 fángzi 집 |

2 我们明天早上7点出发，收拾好火车票

好는 동사 뒤에서 결과 보어 로 쓰여 '완성의 의미'를 나타냅니다.

예) 车修好了, 我们周末可以开着出去玩了。　차를 다 수리했어요. 우리 주말에 몰고 나갈 수 있겠어요.

东西我已经买好了, 你不用再去买了。　물건을 저는 이미 샀어요. 더 사러 갈 필요없어요.

晚饭还没准备好, 你先吃点水果吧。　저녁은 아직 준비가 안됐어요. 우선 과일 좀 들어요.

3 谢谢你提醒我

提醒은 '옆에서 주의 하라고 일러주거나 알려주는 것'을 말합니다.

예) 到时候你提醒我一下, 我怕忘了。

그때가 되면 좀 일러주세요. 저는 잊어버릴까 걱정되네요.

看样子他不记得我是谁了, 你提醒他一下。

그는 내가 누군지 기억을 못해내는 것 같아요. 그에게 좀 일러주세요.

你这样做不行, 以后出了问题别怪我没有提醒你啊。

이렇게 하시면 안되요. 이후에 문제가 생기면 내가 당신에게 알려주지 않았다고 날 탓하지 말아요.

| 到时候 dàoshíhou 그때가 되면 | 记得 jìde 기억하다 | 怪 guài 탓하다 |

01. 테이프의 본문을 듣고 질문에 답해보세요.

1. 娜英为什么打算带一本小词典？

____

2. 娜英提醒明浩什么事情？

____

02. 테이프를 듣고 빈칸을 채운 후 전체 내용을 다시 한번 말해보세요.

明天明浩和娜英坐火车去旅行，今天晚上他们 ______________。行李不

多，两个背包 ______ 一个手提包，三个包都塞得满满的。 娜英打算带一本小词

典，可能在旅行的时候会 ______。而且词典很小，______________。

娜英知道明浩有健忘症，怕他忘了，所以 ______________。

背包	bēibāo	배낭
加上	jiāshàng	덧붙여서, 더해서
塞	sāi	집어넣다

满满的	mǎnmǎn de	가득찬 모양
有用	yǒuyòng	쓸모가 있다, 유용하다
麻烦	máfan	귀찮다, 번거롭다

상황회화 따라잡기!

부끄러움에 관한 표현

■ 저는 많은 사람들 앞에서 이야기 하는 것이 두려워요.

我害怕在很多人面前讲话。
Wǒ hàipà zài hěn duō rén miànqián jiǎng huà.

■ 멍하게 있지 말고 말 좀 하세요.

别发呆，说几句话啊。
Bié fādāi, shuō jǐ jù huà a. | 发呆 fādāi 멍하게 있다 |

■ 저는 긴장해서 말이 안 나와요.

我紧张得说不出话来。
Wǒ jǐnzhāng de shuō bu chū huà lai.

■ 저는 뭐라고 말해야 좋을지 생각나지 않아요. 我想不出说什么好。
Wǒ xiǎng bu chū shuō shénme hǎo.

■ 저는 여자만 보면 얼굴이 빨개져요.

我看到女孩就脸红。
Wǒ kàn dào nǚhái jiù liǎn hóng.

■ 겸연쩍어하지 말아요. 말해요!

你别不好意思，说话呀！
Nǐ bié bùhǎo yìsi, shuō huà ya!

■ 그는 쑥스러움을 질 타서 낯선 사람을 보면 거의 말을 하지 않아요.

他很腼腆，见到生人，很少说话。
Tā hěn miǎntiǎn, jiàn dào shēngrén, hěn shǎo shuō huà.

| 腼腆 miǎntiǎn 쑥스러워하다, 부끄러워하다 |

■ 30살이나 된 사람이 무슨 부끄럼은 타고 그래요?

都三十岁的人了，还害羞什么啊？
Dōu sān shí suì de rén le, hái hàixiū shénme a?

好在离北京不太远

다행히 북경에서 그다지 멀지 않아요

35
필수표현

好在离北京不太远
다행히 북경에서 그다지 멀지 않아요

好在는 부사로 '다행히'라는 의미입니다. 好在는 우연하게 유리한 조건이 생긴 것이 아니라 원래부터 유리한 조건이 있었다는 상황에 씁니다.

A 我可以去吗?
Wǒ kě yǐ qù ma?

제가 가도 되나요?

B 好在大家都认识, 没事儿。
Hǎo zài dàjiā dōu rènshi, méishìr.

다행이 모두 다 아는 사이니 상관 없어요.

명호와 나영은 대동으로 가는 기차에 올라 자리를 찾고 있다.

明 浩　好好找找, 我们的座位在哪儿。
Hǎohāo zhǎozhao, wǒmen de zuòwèi zài nǎr.

娜 英　找到了, 我坐窗户旁边可以吧?
Zhǎo dào le, wǒ zuò chuānghu pángbiān kěyǐ ba?

明 浩　嗯, 可以看到窗外的风景。
En, kěyǐ kàn dào chuāngwài de fēngjǐng.

娜 英　如果坐一整天, 我可受不了。
Rúguǒ zuò yì zhěngtiān, wǒ kě shòu bu liǎo.

好在离北京不太远。
Hǎozài lí Běijīng bútài yuǎn.

明 浩　把好吃的拿出来吧。
Bǎ hǎochī de ná chūlai ba.

娜 英　知道了。数码相机带来了吗?
Zhīdào le. Shùmǎ xiàngjī dàilai le ma?

明 浩　当然了。 出来旅行, 哪能不带数码相机?
Dāngrán le.　Chūlai lǚxíng, nǎ néng bú dài shùmǎ xiàngjī?

娜 英　大同石窟很有名, 到了那儿多照几张。
Dàtóng shíkū hěn yǒumíng, dào le nàr duō zhào jǐ zhāng.

이것도 외워보세요!

座位	zuòwèi	자리
风景	fēngjǐng	풍경
一整天	yì zhěngtiān	하루종일
受不了	shòu bu liǎo	못참는다

数码相机	shùmǎ xiàngjī	디지털 카메라
哪能	nǎ néng	어떻게~ 할 수 있습니까?
大同石窟	dàtóng shíkū	대동석굴

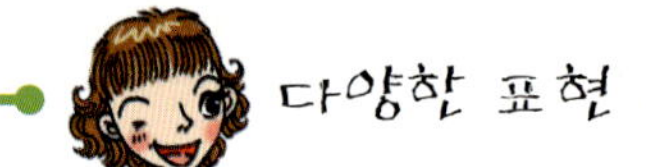

▶ 下雨了，不过好在我带了雨伞。
Xià yǔ le, búguò hǎozài wǒ dài le yǔsǎn.
비가 와요. 하지만 다행히 저는 우산을 가져 왔어요.

▶ 这里的菜太贵了，好在不是天天吃。
Zhèlǐ de cài tài guì le, hǎozài bú shì tiāntiān chī.
여기 음식은 너무 비싸지만 다행히 매일 먹는 건 아니예요.

▶ 我一个人不敢去，好在有你。
Wǒ yí ge rén bù gǎn qù, hǎozài yǒu nǐ.
저는 혼자 가는 게 무서웠는데 당신이 있어서 다행이야.

▶ 东西很多，不过好在不重。
Dōngxi hěn duō, búguò hǎozài bú zhòng.
물건이 매우 많지만 다행히 무겁지 않아요.

▶ 我不想去见他，好在他也不想见我。
Wǒ bù xiǎng qù jiàn tā, hǎozài tā yě bù xiǎng jiàn wǒ.
저는 그를 보러 가고 싶지 않은데 그도 저를 보고 싶지 않다니 다행이에요.

▶ 渴死了，好在冰箱里有水。
Kě sǐ le, hǎozài bīngxiānglǐ yǒu shuǐ.
목 말라 혼났는데 다행히 냉장고에 물이 있어요.

敢	gǎn	감히~하다
重	zhòng	무겁다
渴	kě	목이 마르다

1 好好找找，我们的座位在哪儿？

好好은 '잘, 푹, 열심히'라는 의미입니다.

예) 你好好想想，把钱包放在什么地方了。 잘 생각해요. 지갑을 어디에 놓았는지요.

　　忙了好几天，周末我要好好休息一下。 며칠간을 바쁘게 보냈으니 주말에는 잘 좀 쉬어야겠어요.

　　你就不能好好洗洗？你看还有脏的地方。 깨끗이 씻었니? 또 지저분한 곳이 없는지 봐.

| 脏 zāng 지저분하다, 더럽다 |

2 如果坐一整天，我可受不了

整은 '전체의, 진부의'라는 의미가 있습니다.

예) 我昨天整晚都在跟朋友喝酒，不可能去她家。

　　　　　　나는 어제 밤새 친구와 술을 마셨어요. 그녀의 집에 갔을 수가 없어요.

　　放学了，同学们都走了，整个教室里就剩下他一个人。

　　　　　　방과 후 반 친구들은 모두 갔는데 교실 안에서 그 혼자 남았습니다.

　　整篇文章没有一个字是他自己写的。　　전체 문장 중 그 자신이 쓴 글자는 하나도 없어요.

3 如果坐一整天，我可受不了

受不了는 '참을 수가 없다'는 뜻입니다.

예) 我真受不了这儿的天气，太干燥了。　　나는 정말 여기의 날씨를 못 참겠어요. 너무 건조해요.

　　她受不了男朋友的怪脾气，就跟他分手了。

　　　　　　그녀는 남자친구의 이상한 성격을 참을 수 없어서 그와 헤어졌습니다.

　　邻居家的孩子一到晚上就开始弹钢琴，真让人受不了。

　　　　　　이웃집 아이는 저녁만 되면 피아노를 치는데 정말 못 살겠어요.

| 干燥 gānzào 이상한 성격 | 怪脾气 guàipíqì 이상한 성격 | 弹钢琴 tángāngqín 피아노치다 |

01. 테이프의 본문을 듣고 질문에 답해보세요.

1. 娜英为什么想坐在窗户旁边？

2. 他们带了数码照相机, 打算怎样做？

02. 테이프를 듣고 빈칸을 채운 후 전체 내용을 다시 한번 말해보세요.

上了火车，明浩和娜英马上去找他们的座位, ________。他们把包放到行李架上边去。娜英想坐在窗户旁边，因为 ________。大同　北京不太远, 坐火车也不会用很长时间。出门旅行, 照相机是 ________。他们带了 一个数码相机, 打算到了大同石窟以后, 要多照几张相。娜英觉得大同 ________。娜英和明浩觉得石窟非常 ________。娜英想回去以后马上把拍下来的照片 ________。

窗户	chuānghu	창문
行李架	xínglijià	물건을 두는 선반
照相	zhào xiàng	사진을 찍다

登	dēng	올리다
个人网页	gèrén wǎngyè	개인 홈페이지

상황회화 따라잡기!

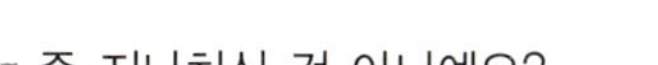

무리하거나 지칠 때 자주 쓰는 표현

■ 좀 지나치신 것 아니예요?

你是不是有点过分了？
Nǐ shì bu shì yǒudiǎn guòfèn le?

■ 저는 꼬박 3일 동안 잠을 자지 못했어요.

我整整三天没有睡觉了。
Wǒ zhěngzhěng sān tiān méiyǒu shuì jiào le.

| 整整 zhěngzhěng 꼬박 |

■ 당신은 혼신을 다해 일을 하는데 피곤해서 몸 축나지 않게 조심해요.

你这么拼命工作，小心累坏了身体。
Nǐ zhème pīnmìng gōngzuò, xiǎoxīn lèi huài le shēntǐ.

| 拼命 pīnmìng 필사적으로 |

■ 오늘 하루 동안 컴퓨터를 사용했으니 눈을 좀 쉬게 해요. 눈을 피로하게 하지 마세요.

你今天用了一天的电脑，让眼睛歇会儿，别累着眼睛。
Nǐ jīntiān yòng le yì tiān de diànnǎo, ràng yǎnjing xiē huǐr, bié lèizhao yǎnjing.

| 累着 lèizhao 피로하게 하다 |

■ 저는 이미 기진맥진이예요. 오늘 밤 더 야근은 못하겠네요.

我已经精疲力尽了，今晚不能再加班了。
Wǒ yǐjīng jīngpílìjìn le, jīnwǎn bù néng zài jiābān le.

■ 너무 빨리 뛰어서 저는 숨을 가눌 수가 없어요.

跑得太快，我快喘不上气了。
Pǎo de tài kuài, wǒ kuài chuǎn bu shàng qì le.

■ 당신이 할 수 없으면 너무 무리하지 마세요.

你做不了，别太勉强。
Nǐ zuò bu liǎo, bié tài miǎnqiǎng.

我还以为中国人都喜欢京剧呢？

저는 중국인은 모두 경극을 좋아하는지 알았어요

36
필수표현

我还**以为**中国人都喜欢京剧呢？

저는 중국인은 모두 경극을 좋아하는지 알았어요

以为는 '~인 줄로 알고 있었다'는 뜻으로 그렇게 알고 있었으나 실제 상황은 그렇지 않다고 할 때 쓰는 표현입니다. 还는 여기서 강조의 의미입니다.

A 你找我吗？
Nǐ zhǎo wǒ ma?
날 찾았어요?

B 你在啊？我还**以为**你走了呢。
Nǐ zài a? wǒ hái yǐwéi nǐ zǒu le ne.
있었군요. 저는 간 줄로 알았어요.

나영이는 경극이 보고 싶어서 로로에게 경극을 보러가자고 제안하자 로로는 망설이다 곧 응한다.

娜	英	什么京剧最有名？我一直想看京剧。

Shénme jīngjù zuì yǒumíng? Wǒ yìzhí xiǎng kàn jīngjù.

路	路	想看京剧？那么看"霸王别姬"吧，很有名。

Xiǎng kàn jīngjù? Nàme kàn bàwángbiéjī ba, hěn yǒumíng.

娜	英	你一定喜欢京剧吧？

Nǐ yídìng xǐhuan jīngjù ba?

路	路	哪儿啊？我才不爱看呢。一点儿意思都没有。

Nǎr a? wǒ cái bú ài kàn ne. yìdiǎnr yìsi dōu méiyǒu.

娜	英	不会吧？我还以为中国人都喜欢京剧呢？

Bú huì ba? Wǒ hái yǐwéi Zhōngguórén dōu xǐhuan jīngjù ne?

路	路	老人喜欢看，年轻人不喜欢。

Lǎorén xǐhuan kàn, niánqīngrén bù xǐhuan.

娜	英	要是我让你陪我去，你会不会去？

Yàoshi wǒ ràng nǐ péi wǒ qù, nǐ huì bu huì qù?

路	路	你让我陪你去？好吧。

Nǐ ràng wǒ péi nǐ qù? hǎo ba.

我陪你去一趟吧。

Wǒ péi nǐ qù yí tàng ba.

이것도 외워보세요!

哪儿啊	nǎr a	무슨, 어디(반문의 의미)
霸王别姬	Bàwángbiéjī	패왕별희
年轻人	niánqīngrén	젊은 사람

陪	péi	～와 함께
一趟	yí tàng	한차례

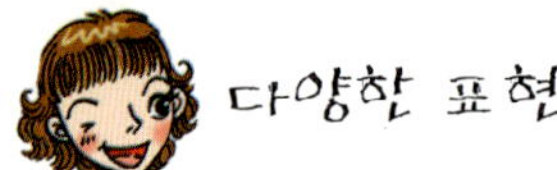

▶ 我还**以为**不会有人来呢。
Wǒ hái yǐwéi bú huì yǒurén lái ne.
저는 사람이 오지 않을 것이라 생각했어요.

▶ 我还**以为**只有你一个人呢。
Wǒ hái yǐwéi zhǐyǒu nǐ yí ge rén ne.
저는 당신 혼자 뿐이라고 생각했어요.

▶ 我还**以为**他是你姐姐呢。
Wǒ hái yǐwéi tā shì nǐ jiějie ne.
저는 그가 당신의 언니라고 생각했어요.

▶ 他还**以为**我不知道, 其实我都知道。
Tā hái yǐwéi wǒ bù zhīdào, qíshí wǒ dōu zhīdào.
그는 제가 모르는지 알지만 사실 저는 모든 걸 알고 있어요.

▶ 我还**以为**明天考试, 原来是后天。
Wǒ hái yǐwéi míngtiān kǎoshì, yuánlái shì hòutiān.
저는 내일이 시험인줄 알았는데 알고보니 모레래.

▶ 我还**以为**很贵呢, 我买得起。
Wǒ hái yǐwéi hěn guì ne, wǒ mǎi de qǐ.
저는 매우 비싼 줄 알았어요. 저 살 수 있어요.

▶ 我还**以为**你整天都在睡觉呢。
Wǒ hái yǐwéi nǐ zhěngtiān dōu zài shuì jiào ne.
저는 당신이 하루종일 잠 자고 있는지 알았어요.

其实	qíshí	사실
买得起	mǎi de qǐ	살수 있다
整天	zhěngtiān	온종일

1 一点儿意思都没有

'一点儿…都 + 부정사'는 '조금도 ~하지 않는다'는 뜻으로 강조할 때 씁니다.
都 대신 也를 써도 됩니다.

예) 一点儿问题都没有, 你别担心。   조금의 문제도 없어요. 걱정마세요.

我一点儿也不紧张, 你也拿出勇气来。   저는 조금도 긴장이 안돼요. 당신도 용기를 내봐요.

他什么时候结婚了? 我怎么一点都不知道?   그는 언제 결혼했죠? 저는 왜 전혀 몰랐죠?

ㅣ 勇气 yǒngqì 용기 ㅣ

2 我才不爱看呢

부정사 앞에서 才를 써서 '부정의 의미를 더 강조'하고 있습니다. 문미에는 어기조사 呢와
함께 쓸 수 있습니다.

예) 钱这么少, 他才不会干呢。   돈이 이렇게 적은데 그는 일을 절대 할리 없지요.

要去你自己去, 我才不去呢。   가려면 혼자나 가세요. 저는 절대 안 가요.

你不想给我看就算了, 我才不看呢。   나한테 보여주고 싶지 않으면 보여주지 마세요. 저도 안봐요.

3 我陪你去一趟吧

一趟은 동량사로 '사람이나 차량의 왕래 횟수'를 나타냅니다.

예) 有批客人明天要来, 你去机场跑一趟吧。

손님들이 내일 오실 거예요. 비행장에 한 번 다녀오세요.

前些天我去了一趟上海, 发现上海变化真是大啊。

며칠 전 저는 상해에 갔다왔는데 상해의 변화가 정말 크더군요.

我有些东西要交给你, 你有时间来一趟吧。

제가 전해줄 물건이 있는데 한번 왔다갈 시간이 있으시죠.

ㅣ 批 pī 비슷한 부류의 사람을 나타내는 양사 ㅣ 变化 biànhuà 변화하다 ㅣ 交 jiāo 주다 ㅣ

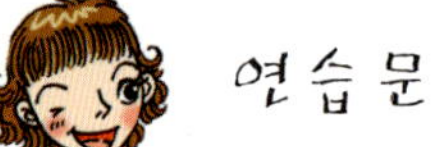 **연습문제**

01. 테이프의 본문을 듣고 질문에 답해보세요.

1. 路路喜欢京剧吗？为什么？

____

2. 如果娜英让路路陪她去看京剧, 路路会不会去？为什么？

____

02. 테이프를 듣고 빈칸을 채운 후 전체 내용을 다시 한번 말해보세요.

娜英很想去看京剧, 对外国人来说, 京剧很有意思。娜英 _______________ ,

但是让娜英 _______________ , 路路 _______________ 。在中国, 一般是老人喜欢

京剧, 年轻人们不喜欢。娜英 _______________ 看京剧。开始娜英要路路

陪她去看京剧, 路路 _______________ 。可是娜英一再求路路陪她去，路路也不好意思

过多 _______ , 只好答应了。

 **이것도 외워보세요!**

对…来说	duì…láishuo	~에 대해서 말하자면	一再	yízài	재차
意外	yìwài	뜻밖이다	过多	guòduō	지나치게 많이
明白	míngbai	이해하다	拒绝	jùjué	거절하다
愿意	yuànyi	원하다	只好	zhǐhǎo	어쩔 수 없이

상황회화 따라잡기!

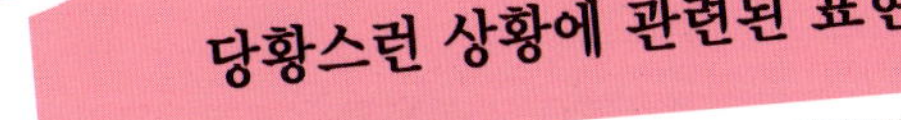

당황스런 상황에 관련된 표현

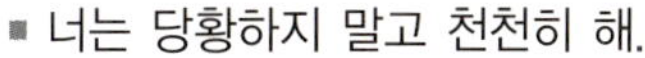

■ 너는 당황하지 말고 천천히 해.

你不要慌张，慢慢儿做吧。
Nǐ bú yào huāngzhāng, mànmānr zuò ba.

■ 이런 상황에서 저는 무슨 말을 하면 좋을지 모르겠어요.

这种情况下，我不知道说什么好。
Zhèzhǒng qíngkuàng xià, wǒ bù zhīdào shuō shénme hǎo.

■ 그가 저를 거절해서 저는 정말이지 창피하네요.

他拒绝了我，我真是没面子。
Tā jùjué le wǒ, wǒ zhēnshì méi miànzi.

| 面子 miànzi 체면 |

■ 그가 그러한 일을 하다니 정말 부끄러운 일이네요.

他做那样的事儿，真是丢脸。
Tā zuò nàyàng de shìr, zhēnshì diūliǎn.

| 丢脸 diūliǎn 체면이 깎이다 |

■ 이러한 일을 겪다니 정말 운도 없지요.

遇上这种事儿，真是倒霉。
Yùshàng zhèzhǒng shìr, zhēnshì dǎoměi.

■ 그가 이렇게 이상한 문제를 물어보다니 저는 어떻게 대답해야 할지 모르겠어요.

他问这么奇怪的问题，我都不知道怎样回答。
Tā wèn zhème qíguài de wèntí, wǒ dōu bù zhīdào zěnme huídá.

■ 그가 그렇게 듣기 거북한 말을 하다니 정말 난감하군요.

他说那么难听的话，真让人难堪。
Tā shuō nàme nántīng de huà, zhēn ràng rén nánkān.

| 难堪 nánkān 난감하다, 난처하다 |

既然你这么请我，那我就去吧

이왕 이렇게 초대하셨으니, 그럼 가기로 하죠

37
필수표현

既然你这么请我，那我就去吧

이왕 이렇게 초대하셨으니, 그럼 가기로 하죠

既然...就은 우리말로는 '이왕에, 기왕에' 라고 해석 할 수 있는데 이미 현실이 되었거나 확정된 상황이 제시된 후 이 상황에 따라 결론을 낸다는 말입니다.

A 你既然来了, 就别走了。
Nǐ jìrán lái le, jiù bié zǒu le.
이왕 왔으니 가지 말아요.

B 行, 我不走了。
Xíng, wǒ bù zǒu le.
좋아요. 저는 안 갈게요.

成 功	这些东西是做什么用的？
	Zhèxiē dōngxi shì zuò shénme yòng de?

娜 英	明天有留学生联欢会，我准备表演魔术。
	Míngtiān yǒu liúxuéshēng liánhuānhuì, wǒ zhǔnbèi biǎoyǎn móshù.

成 功	你表演魔术？你真有两下子。
	Nǐ biǎoyǎn móshù? Nǐ zhēn yǒu liǎngxiàzi.

娜 英	没什么，只是简单的魔术。
	Méi shénme, zhǐshì jiǎndān de móshù.

成 功	联欢会上都有什么节目？
	Liánhuānhuì shang dōu yǒu shénme jiémù?

娜 英	有唱歌、服装秀、拉二胡、讲笑话等等，你也来吧。
	Yǒu chàng gē, fúzhuāngxiù, lā èrhú, jiǎng xiàohuà děngděng, nǐ yě lái ba.

成 功	留学生联欢会我去干什么？
	Liúxuéshēng liánhuānhuì wǒ qù gàn shénme?

娜 英	谁说中国学生不能去？
	Shéi shuō Zhōngguó xuésheng bù néng qù?

	你来给我捧捧场。来吧。
	Nǐ lái gěi wǒ pěngpeng chǎng. Lái ba.

成 功	既然你这么请我，那我就去吧。
	Jìrán nǐ zhème qǐng wǒ, nà wǒ jiù qù ba.

이것도 외워보세요!

联欢会	liánhuānhuì	모임, 파티 (비교적 정식적인 모임)	服装秀	fúzhuāngxiù	패션쇼
表演	biǎoyǎn	공연하다	拉二胡	lā èrhú	얼후를 연주하다 (二胡 중국전통악기)
两下子	liǎngxiàzi	능력, 솜씨	讲笑话	jiǎng xiàohuà	웃긴 이야기를 하다
节目	jiémù	프로그램	捧场	pěng chǎng	환호를 보내다

▶ **既然**开始了，**就**不要放弃。
Jìrán kāishǐ le, jiù búyào fàngqì.　　이왕 시작 하였으니 포기하지 마세요.

▶ **既然**你这么说，我也只能同意了。
Jìrán nǐ zhème shuō, wǒ yě zhǐ néng tóngyì le.　당신이 이렇게 말했으니 저 역시 동의 할 수 밖에 없어요.

▶ **既然**上了大学，**就**应该好好儿学习。
Jìrán shàng le dàxué, jiù yīnggāi hǎohāor xuéxí.　　대학에 합격하였으니 열심히 공부해야 해.

▶ 事情**既然**已经这样了，**就**不要后悔了。
Shìqing jìrán yǐjīng zhèyàng le, jiù bú yào hòuhuǐ le.　　일이 기왕 이렇게 되었으니 후회하지 마요.

▶ 你**既然**不知道，**就**不要乱说话。
Nǐ jìrán bù zhīdào, jiù bú yào luàn shuō huà.　　당신은 모르니 함부로 이야기 하지 마세요.

▶ **既然**大家都已经来了，我们**就**开始吧。
Jìrán dàjiā dōu yǐjīng lái le, wǒmen jiù kāishǐ ba.　　이미 모두가 다 왔으니 우리 시작하지요.

이것도 외워보세요!

放弃	fàngqì	포기하다
只能	zhǐ néng	단지~할 수 밖에
后悔	hòuhuǐ	후회하다
乱	luàn	멋대로, 함부로

1 你真有两下子

两下子는 '능력이나 솜씨'를 말합니다. 사람의 손재주나 일하는 능력이 좋을 때 이런 말을 합니다.

예) 看不出来你还有两下子, 还以为你什么都不懂。

네가 이렇게 능력이 좋은 걸 못 알아봤는걸. 네가 아무것도 모르는지 알았어.

没两下子就不要到这里来出丑。

능력이 없으면 여기에 와서 망신당하지 말아요.

你做的菜特别好吃, 你真有两下子。

당신이 만든 요리는 정말 맛있네요. 정말 솜씨가 좋아요.

| 出丑 chūchǒu 망신당하다 |

2 谁说中国学生不能去?

谁说는 '누가 ~라고 말하든'이란 뜻으로 반문의 의미입니다.

예) 谁说我出车祸了? 真是乱说。

누가 내가 차사고 났대? 정말 말 함부로 하네.

谁说明天要聚会? 早就取消了。

누가 내일 모인다고 했나요? 진작에 취소되었어요.

谁说电脑坏了? 我用不是没问题吗?

누가 컴퓨터가 고장났다고 하던가요? 내가 쓰는데 아무 문제 없잖아요.

| 车祸 chēhuò | 取消 qǔxiāo 취소되었다 | 坏 huài 고장나다 |

3 你来给我捧捧场

捧场은 '일반적으로 공연에 와서 응원해주거나 환호를 보내주는 것'을 말하는데 평소에도 누군가를 위해 호응을 보내준다라고 할 때도 쓸 수 있습니다.

예) 他说了半天, 没人听, 一个捧场的也没有。

그가 한참을 말했지만 아무도 듣지 않았고 호응 한마디 없었습니다.

她唱得不好听也得捧个场啊。   그녀가 노래를 잘 부르지 못해도 환호 해줘야지요.

做了这么多好吃的, 也没人来给捧捧场, 最后都扔了。

이렇게 많은 음식을 만들었지만 아무도 호응을 해주지 않았습니다. 결국 다 버렸습니다.

| 扔 rēng 버리다 |

 연습문제

01. 테이프의 본문을 듣고 질문에 답해보세요.

1. 这个学期末, 对娜英来说, 有什么活动?

2. 娜英说, 成功可以去做什么?

02. 테이프를 듣고 빈칸을 채운 후 전체 내용을 다시 한번 말해보세요.

每个学期末, 都有留学生联欢会。＿＿＿＿＿＿＿＿＿＿＿＿＿, 有唱歌、

服装秀、讲笑话等等。娜英以前学过简单的魔术, ＿＿＿＿＿＿＿＿。她还邀请

成功一起去。成功说, ＿＿＿＿＿＿＿＿＿＿, 周围都是外国学生, 有点儿

尴尬。娜英说中国学生也可以去, ＿＿＿＿＿＿＿＿＿＿＿＿＿＿。

 이것도 외워보세요!

准备	zhǔnbèi	준비하다
露一手	lòu yi shǒu	솜씨를 보이다
合适	héshì	적합하다
尴尬	gāngà	난감하다, 어색하다

상황회화 따라잡기!

칭찬에 대한 응답에 관한 표현

■ 당신의 칭찬에 감사드립니다.

多谢您的夸奖。
Duōxiè nín de kuājiǎng.

| 夸奖 kuājiǎng 칭찬, 칭찬하다 |

■ 과찬이십니다.

您真是过奖了。
Nín zhēnshì guòjiǎng le.

■ 아닙니다. 아직 부족합니다.

哪里哪里，我做得还不够好。
Nǎli nǎli，wǒ zuò de hái búgòu hǎo.

■ 저는 다음 번에 더욱 잘 할게요.

我下次会做得更好。
Wǒ xià cì huì zuò de gèng hǎo.

■ 저는 단지 해야 할 일을 한 것 뿐이이예요.

我只是做好我应该做的。
Wǒ zhǐshì zuò hǎo wǒ yīnggāi zuò de.

■ 칭찬만 하지 마시고 상을 좀 줘야 되는 거 아니예요?

别光夸我，是不是应该给点儿奖励啊？
Bié guāngkuā wǒ，shì bu shì yīnggāi gěi diǎnr jiǎnglì a?

| 奖励 jiǎnglì 돈이나 물건으로 주는 상 |

去琉璃厂吧，买点儿古董、古画什么的

리우리창에 가요. 고미술품이랑 고화 등을 사죠

38
필수표현

去琉璃厂吧，买点儿古董、古画**什么的**

리우리창에 가요. 고미술품이랑 고화 등을 사죠

什么的는 열거를 할 때 쓰는 표현으로 열거하는 내용이 많아져서 생략을 할 때 씁니다.
우리 말에 '**등등**'에 해당합니다. 앞에 像을 붙일 수도 있습니다.

A 你想喝什么？
Nǐ xiǎng hē shénme?　　　　　무엇을 마시려고 합니까?

B 茶啊、果汁**什么的**都行。
Chá a, guǒzhī shénme de dōu xíng.　　차나 주스면 모두 좋아요.

나영이가 귀국 선물을 사야한다고 하니까 방짝이 琉璃厂을 추천해준다.

娜	英	回国之前我想买点儿纪念品。
		Huí guó zhīqián wǒ xiǎng mǎi diǎnr jìniànpǐn.
同	屋	去琉璃厂吧, 买点儿古董、古画什么的。
		Qù Liúlíchǎng ba, mǎi diǎnr gǔdǒng, gǔhuà shénme de.
娜	英	对呀, 我怎么没想到呢?
		Duì ya, wǒ zěnme méi xiǎngdào ne?
同	屋	买幅画挂在家里, 多有中国味道啊。
		Mǎi fú huà guà zài jiāli, duō yǒu Zhōngguó wèidao a.
		拿来当礼物送人, 朋友们一定会喜欢。
		Ná lái dāng lǐwù sòng rén, péngyoumen yídìng huì xǐhuan.
娜	英	就是啊, 这样的礼物谁会不喜欢呢?
		Jiùshi a, zhèyàng de lǐwù shuí huì bù xǐhuan ne?

이것도 외워보세요!

纪念品	jìniànpǐn	기념품		挂	guà	걸다
琉璃厂	Liúlíchǎng	유리창(한국의 인사동과 비슷한 장소)		味道	wèidao	맛, 흥취, 분위기
古董	gǔdǒng	고미술품, 골동품		会	huì	~일 것이다.
幅	fú	그림을 세는 양사		就是	Jiùshi	맞다, 그렇다(응수할 때 쓰는 말)

▶ 周末我喜欢去看电影，打篮球**什么的**。

Zhōumò wǒ xǐhuan kàn diànyǐng, dǎ lánqiú shénme de.

주말에 저는 영화를 보러 가거나 농구하기 등을 하기를 좋아해요.

▶ 我的手提包丢了，里面有钱包、手机**什么的**。

Wǒ de shǒutíbāo diū le, lǐmian yǒu qiánbāo, shǒujī shénme de.

저는 손가방을 잃어버렸습니다. 안에는 지갑과 핸드폰 등이 들어있어요.

▶ 去他家做客，拿点儿烟、酒、水果**什么的**就行了。

Qù tā jiā zuòkè, ná diǎnr yān, jiǔ, shuǐguǒ shénme de jiù xíng le.

그의 집에 손님으로 초대되어 가는데 담배, 술, 과일 등을 가져가면 괜찮을 것 같아요.

▶ 我去过很多地方，像北京、上海、西安**什么的**。

Wǒ qù guo hěn duō dìfang, xiàng Běijīng, Shànghǎi, Xī'ān shénme de.

저는 많은 곳을 가본적이 있어요, 북경, 상해, 서안 등과 같은 곳이예요.

▶ 这次搬家我要买很多东西，像桌子、椅子**什么的**。

Zhè cì bān jiā wǒ yào mǎi hěn duō dōngxi, xiàng zhuōzi, yǐzi shénmede.

이번에 이사를 하는데 저는 책상, 의자 등 많은 물건을 사려고 해요.

 이것도 외워보세요!

丢	diū	잃어버리다
做客	zuòkè	손님이 되다
搬家	bān jiā	이사하다

1. 对呀，我怎么没想到呢？

没想到는 '미처 생각 못했다'는 뜻입니다. 앞에 真을 자주 씁니다.

예) 做这个菜应该放酱油，我怎么没想到呢。

이 음식을 만들때는 간장을 넣어야하는데 난 왜 생각을 못했지?

没想到他也在场，感觉真尴尬。 그가 그 자리에 있을 줄 생각도 못했어요. 정말 난처하네요.

结婚那天来了那么多人，他们一点也没想到。

결혼하는날 많은 사람들이 올 줄 그들은 조금도 생각도 못했어요.

| 酱油 jiàngyóu 간장 |

2. 买幅画挂在家里，多有中国味道啊

多는 감탄사로 '얼마나~한가'의 뜻이 있습니다. 多么라고 쓸 수도있습니다.

예) 我要是只有我们两个人，那有多好啊。 만일 단지 우리 둘만이라면 그럼 얼마나 좋을까?

你一个人搬这么多东西，多累啊，我帮你吧。

너 혼자 이렇게 이렇게 많은 물건을 나르면 얼마나 힘들겠어. 내가 널 도와줄게.

这么多人坐一辆车，多挤啊，我们打车走吧。

이렇게 많은 사람들이 차 한대에 타니 얼마나 밀리겠어. 우리는 택시를 타고 가자.

| 打车 dǎ chē 차를 잡아타다 |

01. 테이프의 본문을 듣고 질문에 답해보세요.

1. 明浩建议娜英去什么地方, 买什么纪念品?

____

2. 这些东西有什么特点? 娜英的朋友们会喜欢吗?

____

02. 테이프를 듣고 빈칸을 채운 후 전체 내용을 다시 한번 말해보세요.

娜英就要回国了, 在回国之前, 她想买一些纪念品。________________,

所以她想买一个既便宜又________________。她想了半天, 明浩建议她去琉

璃厂, 那里有古董、古画什么的。________________, 而且娜英的朋友

们一定会喜欢这样的礼物。娜英也同意明浩的看法。

 이것도 외워보세요!

就要…了	jiùyào ..le	곧 ~하려고 하다	建议	jiànyì	건의하다
特点	tèdiǎn	특징	风味	fēngwèi	특색, 맛
既…又	jì .. yòu	~하기도 하고 ~하기도 하다	看法	kànfǎ	견해

상황회화 따라잡기!

확신할 때 사용되는 표현

■ 내일 7시에 저는 꼭 도착할 것입니다.

明天7点我一定到。
Míngtiān qī diǎn wǒ yídìng dào.

■ 저를 믿으십시오. 틀림없습니다.

相信我，没错儿。
Xiāngxìn wǒ, méicuòr.

■ 저는 그가 분명히 오지 않을 것을 장담하겠어요.

我敢保证，他肯定不会来。
Wǒ gǎn bǎozhèng, tā kěndìng bú huì lái.

| 敢 gǎn 감히 |

■ 당신은 그의 능력을 의심할 필요가 없어요.

你用不着怀疑他的能力。
Nǐ yòng bu zháo huáiyí tā de nénglì.

■ 이 일은 100% 성공할 것예요. 안심하세요.

这件事情百分之百会成功，你放心。
Zhè jiàn shì bái fēn zhī bái liuì chénggōng, nǐ fàngxīn.

■ 저는 그가 분명히 당신을 속이고 있다고 감히 장담할 수 있어여.

我敢打赌，他肯定是在骗你。
Wǒ gǎn dǎ dǔ, tā kěndìng shì zài piàn nǐ.　　| 打赌 dǎ dǔ 내기하다 |

要不然我就浪费了这一年的学费了

그렇지 않으면 저는 이 1년동안의 학비를 낭비하는 거예요

39
필수표현

要不然我就浪费了这一年的学费了

그렇지 않으면 저는 이 1년동안의 학비를 낭비하는 거예요

要不然은 접속사로 '그렇지 않으면' 이란 뜻으로 가정을 나타내며 '要是不这样'의 의미입니다.

A 我肚子有点儿疼。
Wǒ dùzi yǒudiǎr téng.

배가 조금 아파요.

B 要不然你就别去了。
Yàoburán nǐ jiù bié qù le.

아니면 가지 마세요.

나영이는 귀국을 앞두고 담임 선생님과 귀국 후의 일에 대해 얘기하고 있다.

老　师		在这一年里你收获很大吗？ *Zài zhè yì nián li nǐ shōuhuò hěn dà ma?*
娜　英		收获很大。 *Shōuhuò hěn dà.*
		我的汉语水平提高了很多，而且交了很多中国朋友。 *Wǒ de Hànyǔ shuǐpíng tígāo le hěnduō, érqiě jiāo le hěn duō Zhōngguó péngyou.*
		不过也有发愁的事情。 *Búguò yě yǒu fāchóu de shìqing.*
老　师		你愁什么？ *Nǐ chóu shénme?*
娜　英		我胖了七公斤，我家人肯定会吃惊的。 *Wǒ pàng le qī gōngjīn, wǒ jiāren kěndìng huì chījīng de.*
		回国以后，我得拼命减肥。 *huí guó yǐhòu, wǒ děi pīnmìng jiǎn féi.*
老　师		除了减肥，还有别的打算吗？ *Chúle jiǎnféi, háiyǒu bié de dǎsuàn ma?*
娜　英		先继续学习，毕业以后找工作。 *Xiān jìxù xuéxí, bì yè yǐhòu zhǎo gōngzuò.*
老　师		想找什么样的工作？ *Xiǎng zhǎo shénmeyàng de gōngzuò?*
娜　英		能用上汉语的工作。 *Néng yòng shang Hànyǔ de gōngzuò.*
		要不然我就浪费了这一年的学费了。 *Yàoburán wǒ jiù làngfèi le zhè yì nián de xuéfèi le.*

 이것도 외워보세요!

收获	shōuhuò	수확, 성과		吃惊	chījīng	놀라다
提高	tígāo	향상되다		继续	jìxù	계속
发愁	fāchóu	고민하다		拼命	pīnmìng	필사적으로, 있는 힘을 다해
用上	yòng shang	쓰다		浪费	làngfèi	낭비하다

▶ 要不然这样吧，我们早一点儿出发。
Yàoburán zhèyàng ba, wǒmen zǎo yìdiǎnr chūfā. 그렇지 않으면 이렇게 하죠. 우리 조금 일찍 출발해요.

▶ 我们都得努力，要不然就不做。
Wǒmen dōu nǔlì, yàoburán jiù bú zuò. 우리 모두 열심히 노력해야 해요. 그렇지 않으면 하지말죠.

▶ 大家都得去，要不然我们就都不去。
Dàjiā dōu děi qù, yàoburán wǒmen jiù dōu bú qù.

모두 가야만 해요. 그렇지 않으면 우리는 모두 가지 않는 걸로 하죠.

▶ 能写完吗？要不然明天写吧。
Néng xiě wán ma? Yàoburán míngtiān xiě ba. 다 쓸 수 있나요? 그렇지 않으면 내일 쓰세요.

▶ 他一定很喜欢你，要不然他不会这样关心你。
Tā yídìng hěn xǐhuan, yàoburán tā bú huì zhè yàng guān xīn nǐ.

그는 분명히 너를 좋아할 거야. 그렇지 않으면 그가 너한테 그렇게 관심을 갖을리 없지요?

▶ 你一定做错了事，要不然老师怎么会批评你呢？
Nǐ yídìng zuò cuò le shì, yàoburán lǎoshī zěnme huì pīping nǐ ne?

네가 분명히 일을 잘못 했을거야. 그렇지 않으면 선생님이 왜 널 혼냈겠니?

 이것도 외워보세요!

得	děi	해야한다
做错	zuò cuò	잘못하다
关心	guān xīn	관심갖다
批评	pīping	혼내다, 비난하다

1 你愁什么?

愁는 '고민하다, 걱정하다'는 의미입니다. 发愁도 비슷한 의미이나 发愁는 뒤에는 목적어를 쓸 수 없어서 为(为了)를 앞에 써서 '~때문에 고민이다' 이렇게 말합니다.

예) 她为了孩子的学费整天发愁。　　　그녀는 아이의 학비 때문에 온종일 고민이예요.

一个星期之内哪儿能借到这么多钱，真是愁死了。

일주일 안에 어떻게 이렇게 많은 돈을 빌릴 수 있겠어요. 정말 고민되네요.

为了他的事儿, 我愁得睡不着觉。　　　그의 일 때문에 그는 걱정이 되서 잠을 못 이룹니다.

2 我胖了七公斤，我家人肯定会吃惊的

肯定은 부사로는 一定과 비슷한 의미로 一定보다 더 확실하다는 어감입니다.

예) 吃了这个药, 你的病肯定会好。　　　이 약을 먹으면 네 병이 분명 나을거야.

今天雾这么大, 飞机肯定不能起飞了。　이렇게 안개가 짙은데 비행기가 분명히 이륙할 수 없을 거예요.

| 药 yào 약 | 雾 wù 안개 |

3 回国以后，我得拼命减肥

拼命 '목숨까지 내놓는다'는 의미로 '어떤 일을 하는데 온 힘을 다 쓴다'고 할 때 씁니다.

예) 要考试了, 考试之前要拼命学习。　　시험을 곧 볼거야. 시험 전에 죽을 힘을 다해 공부해야해.

为了要挣钱一定要拼命工作。　　　돈을 벌기 위해 필사적으로 일해야한다.

昨天做梦有老虎追我, 我拼命地跑。

어제 꿈을 꾸는데 호랑이가 나를 쫓아와서 나는 필사적으로 뛰었어.

| 挣钱 zhèng qián 돈을 벌다 | 老虎 lǎohǔ 호랑이 |

01. 테이프의 본문을 듣고 질문에 답해보세요.

1. 娜英为什么事情发愁？她打算怎么做？

2. 娜英回国以后的打算是什么？

02. 테이프를 듣고 빈칸을 채운 후 전체 내용을 다시 한번 말해보세요.

回国之前, 娜英________________。在这一年里娜英收获很大,

________。而且还交了很多朋友。________________。可是，娜英胖

了七公斤, 为这件事情她很发愁, 娜英怕回家以后家人________。

老师还问她以后的打算, 娜英说她打算毕业以后找工作,

________。娜英还说有机会再来中国。

告别	gàobié	이별을 고하다
白	bái	공연히, 헛되이(부사로 동사 앞에 쓰여 '괜히'라는 뜻임)
认不出来	rèn bu chū lai	못 알아보다
一趟	yí tàng	한차례

상황회화 따라잡기!

기분이 좋을때 쓰는 표현

- 오늘 저는 기분이 특히 좋아요.

  我今天心情很好。
  Wǒ jīntiān xīnqíng hěn hǎo.

- 나는 너무 기뻐 아무것도 생각 나지 않아요.

  我高兴得什么都想不起来了。
  Wǒ gāoxìng de shénme dōu xiǎng bu qǐ lai.

- 이 소식을 듣고, 정말 기뻤다.

  听到这个消息，真让人开心。
  Tīng dào zhè ge xiāoxi, zhēn ràng rén kāixīn.

- 이 좋은 소식을 들으니 저는 너무 흥분 되요.

  听到这个好消息，我很兴奋。
  Tīng dào zhè ge hǎo xiāoxi, wǒ hěn xīngfèn.

- 그가 곧 결혼 한다고 하던데 저도 그 때문에 기뻐요.

  听说他要结婚了，我真替他高兴。
  Tīng shuō tā yào jié hūn le, wǒ zhēn tì tā gāoxìng.

  | 替 tì 때문에, 대신에 |

- 그의 칭찬을 들으니 저는 만족스러워요.

  听到他的夸奖，我心里美极了。
  Tīng dào tā de kuājiǎng, wǒ xīnli měi jí le.

  | 美 měi 기분이 좋기니 민족스러룸 | ~极了 ~jí le 정도가 심함 |

- 봐 봐, 그는 입이 다물어 지지 않을 정도로 웃고 있어.

  你看他笑得嘴都合不上了。
  Nǐ kàn tā xiào de zuǐ dōu hé bu shàng le.

  | 合不上 hé bu shàng 닫혀지지 않다 |

- 나는 맘 속으로 은근히 기뻤어요.

  我在心里偷着乐。
  Wǒ zài xīn li tōu zhe lè.

  | 偷着 tōu zhe 몰래 |

真没想到你这么快就要走了

이렇게 빨리 떠나게 될 줄 정말 몰랐어요

40
필수표현

真没想到你这么快就要走了

이렇게 빨리 떠나게 될 줄 정말 몰랐어요

就要...了는 어떤 동작이 머지않아 곧 다가옴을 나타냅니다. '곧 ~하려고 한다'로 해석됩니다.

A 就要下雨了, 我们走吧。
Jiùyào xià yǔ le, wǒmen zǒu ba.

곧 비가 오려고 해요. 우리 가지요.

B 好吧, 快点儿。
Hǎo ba, kuài diǎnr.

좋아요. 빨리 가요.

길에서 성공을 만난 나영이는 성공과 로로가 자신을 위해 송별회를 열거라는 얘기를 듣는다.

成 功　**真没想到你这么快就要走了。**
Zhēn méi xiǎngdào nǐ zhème kuài jiùyào zǒu le.

娜 英　一年的时间一转眼就过去了。
Yì nián de shíjiān yìzhuǎnyǎn jiù guòqu le.

成 功　送本书给你留作纪念吧，我会想念你的。
Sòng běn shū gěi nǐ liú zuò jìniàn ba, wǒ huì xiǎng niàn nǐ de.

娜 英　我们常联系吧，有空打打电话。
Wǒmen cháng liánxì ba, yǒu kòng dǎ da diànhuà.

成 功　以后什么时候再来中国，一定要通知我一声啊。
Yǐhòu shénme shíhou zài lái Zhōngguó, yídìng yào tōngzhī wǒ yìshēng a.

娜 英　好的，你要是想来韩国玩儿，也别忘了告诉我。
Hǎo de, nǐ yàoshi xiǎng lái Hánguó wánr, yě bié wàng le gàosu wǒ.

成 功　明天晚上我和路路给你送行，怎么样？
Míngtiān wǎnshang wǒ hé lùlu gěi nǐ sòngxíng, zěnmeyàng?

娜 英　好啊，明天我们好好儿吃一顿。
Hǎo a, míngtiān wǒmen hǎohāor chī yí dùn.

이것도 외워보세요!

一转眼	yìzhuǎnyǎn	순식간에, 눈깜짝할 사이에	通知	tōngzhī	알리다, 통지하다
留作	liúzuò	~으로 남기다	送行	sòngxíng	송별회를 열다, 배웅해주다
纪念	jìniàn	기념	一顿	yí dùn	한끼
联系	liánxì	연락하다			

▶ 他们就要来了, 我们快准备吧。
Tāmen jiùyào lái le, wǒmen kuài zhǔnbèi ba.
그들이 곧 올거예요, 우리 빨리 준비 해요.

▶ 电影就要开始了, 我们进去吧。
Diànyǐng jiùyào kāishǐ le, wǒmen jìnqu ba.
영화가 곧 시작되려고 해, 우리 들어 가자.

▶ 就要开学了, 我得看看书了。
Jiùyào kāixué le, wǒ děi kànkan shū le.
곧 개학이야, 난 책 좀 봐해야겠어.

▶ 就要吃饭了, 你去洗洗手。
Jiùyào chī fàn le, nǐ qù xǐxi shǒu.
곧 밥을 먹야, 넌 가서 손을 좀 씻으렴.

▶ 就要到冬天了, 天气开始变冷了。
Jiùyào dào dōngtiān le, tiānqì kāishǐ biàn lěng le.
곧 겨울구나, 날씨가 춥기 시작했어.

▶ 他就要回国了, 有什么话快说吧。
Tā jiùyào huí guó le, yǒu shénme huà kuài shuō ba.
그는 곧 귀국해요, 할말이 있으면 빨리 말해요.

이것도 외워보세요!

开学	kāixué	개학하다
洗手	xǐ shǒu	손을 씻다

1. 一年的时间一转眼就过去了

一转眼은 '눈을 돌린다'는 뜻인데 '시간이 빨리 지나감을 말할 때 자주 인용하거나 갑자기 물건이 보이지 않을 때'도 이 표현을 씁니다.

예) 我放在桌子上的钱一转眼就不见了。　내가 책상위에 놓은 돈이 순식간에 없어졌어요.

一转眼你就变成个大人了，我都认不出你来了。

눈깜짝할 사이에 네가 어른이 되었구나. 나도 널 못 알아보겠구나.

刚才说要帮我，一转眼就忘了？　금방 날 도와주겠다고 해놓고 순식간에 잊었어요?

2. 明天晚上我和路路给你送行，怎么样？

送行은 사람이 떠나기 전에 함께 마지막으로 밥이나 술을 먹는 것으로 '송별회를 열어주다'라는 의미입니다. 또한 배웅한다는 의미도 있습니다.

예) 王老师要回国了，我们去机场给他送行。

왕선생님이 곧 귀국하시는데 우리 비행장으로 배웅해드리자.

晚上我们给你送行，你一定得来啊。　저녁에 우리들이 송별회를 열건데 너 꼭 와야해.

来了没几天就要给你送行了，真有点舍不得啊。

온지 며칠 되지 않아서 곧 송별회를 해줘야한다니 정말 좀 섭섭하네요.

| 舍不得 shě bu dé 섭섭하다 |

3. 明天我们好好吃一顿

一顿은 동량사로 吃, 喝 뒤에서 '한차례 먹거나 마셨다'는 의미를 나타냅니다. 그 밖에 骂, 批评뒤에서 '한차례 혼이 났다'는 의미로도 쓸 수 있습니다.

예) 今天我一顿也没吃，饿死我了。　오늘 나는 한끼도 못 먹어서 배가 고파 죽을 것 같아요.

为了庆祝你找到了工作，我们晚上得好好喝一顿。

네가 직장을 구한걸 축하하기 위해 우리 오늘 술한잔 거하게 마시자.

孩子不听老师的话，我就批评了他一顿。

아이는 선생님의 말을 안 들어서 선생님께 한차례 혼이 났습니다.

| 庆祝 qìngzhù 축하하다 |

01. 테이프의 본문을 듣고 질문에 답해보세요.

1. 成功给娜英什么作礼物？

____

2. 那个中国人是怎么样夸娜英的？

____

02. 테이프를 듣고 빈칸을 채운 후 전체 내용을 다시 한번 말해보세요.

娜英到中国去留学。在飞机上，___________。

坐在娜英旁边的是一个中国人，_______________，就和娜英聊了一会儿。

_______________________，娜英听了很高兴。

_______________，娜英往窗户外面看，_______________。

娜英对自己说，我已经到了中国了。

 이것도 외워보세요!

后天	hòutiān	모레	忘记	wàngjì	잊어버리다
身边	shenbian	~의 곁에	永远	yǒngyuǎn	영원히
舍不得	shě bu dé	아쉽다, 섭섭하다			

상황회화 따라잡기!

작별 인사를 나눌 때 쓰는 표현

- 저는 정말 당신들을 떠나기 싫어요.

  我真不想离开你们。
  Wǒ zhēn bù xiǎng líkāi nǐmen.

- 저는 그곳에 가서도 계속 당신들과 연락할 거예요.

  我到那边会继续跟你们联系的。
  Wǒ dào nàbiān huì jìxù gēn nǐmen liánxì de.

  | 会...(的) huì ~de ~할 것이다 |

- 정말 당신이 가는 것이 아쉽습니다.

  真舍不得你走。
  Zhēn shě bu dé nǐ zǒu.

- 저는 정말 당신과 함께한 이 시간을 소중하게 여겨요.

  我很珍惜和你在一起的这段时间。
  Wǒ hěn zhēnxī hé nǐ zài yìqǐ de zhè duàn shíjiān.

  | 珍惜 zhēnxī 소중히 하다 | 段 duàn (시간)양사 |

- 가는 길이 순조롭길 빌게요.

  祝你一路顺风。
  Zhù nǐ yílù shùnfēng.

- 가는 길 내내 조심하세요.

  一路上小心点儿。
  Yílùshang xiǎoxīn diǎnr.

중국인 따라잡기 필수표현 40 下

해석 및 답안

회화해석

나　영: 친구가 나에게 술을 산다고 했는데,
　　　　나는 취할까봐 걱정이야.
성　공: 아, 너는 주량이 약하지?
나　영: 맞아, 나는 그들이 "건배"라고 말할까봐 제일
　　　　걱정이야.
성　공: 너 꼭 다 마셔야 하는 건 아니야.
　　　　"마시고 싶은 만큼만 마셔요"라고 말해도 돼.
나　영: 그렇게 하면 조금 마셔도 되는 거야?
성　공: 맞아. 아니면 너 아예 마시지마.

연습문제

1. 娜英的朋友请她喝酒, 娜英担心什么?
　　娜英担心如果拒绝喝酒, 会不礼貌。
　　而且她怕喝醉了。

2. 成功教给娜英什么好办法?
　　娜英如果说 "随意", 就可以不喝光。

娜英的中国朋友**请她喝酒**。娜英的酒量很小, 她害怕喝得太多, **喝醉了**。可是如果拒绝喝酒, 她担心**这样会不礼貌**。所以她来找成功, 问问他有没有什么好的办法, 可以**少喝一些**。成功告诉她, 如果说 "**随意**", 就可以**不喝光**。成功还告诉娜英**要是中国人说 "干杯"** 就都要喝光。还有喝完了以后, **还要给人看自己的酒杯是空的**。娜英觉得中国人的**这种喝法很有意思**。

나영이의 중국 친구가 나영이에게 술을 사줬는데 나영이는 주량이 약해서 너무 많이 마셔서 취할까봐 두려웠습니다. 하지만 만약 술 마시는 것을 거절한다면 예의에 어긋날까봐 걱정이 되었습니다. 그래서 나영이는 성공이에게 가서 적게 마실수 있는 무슨 좋은 방법이 있는지 물어보았습니다. 성공이는 나영이에게 만약에 "마시고 싶은 만큼만 마셔요"라고 말하면 잔을 완전히 비우지 않아도 된다고 알려줬습니다. 성공이는 또 나영이에게 만약 중국인이 "건배"라고 하면 잔을 비워야 한다고 알려줬습니다. 또 다 마신 후에는 다른 사람에게 자신의 술잔이 빈 것을 보여줘야 한다고 했습니다. 나영이는 중국인의 이러한 술 마시는 방법이 재미있다고 생각했습니다.

회화해석

나　영: 죄송해요. 선생님, 저 지각 했어요.
선생님: 오늘 어떻게 된 거야?
　　　　너는 여태껏 지각한 적이 없잖아.
나　영: 제 자명종이 고장나서 아침에 울리지 않았어요.
　　　　그래서 늦잠을 잤어요.
선생님: 괜찮아, 다음 번에 주의하면 되지.
나　영: 아이구, 아침에 너무 급해서 책 가져오는 것을 잊었네.
선생님: 얼른 돌아가서 책을 가져 와.
나　영: 알겠어요, 선생님. 저 갔다가 곧 올게요.

연습문제

1. 今天娜英为什么迟到了?
　　闹钟坏了, 早上没有响。

2. 到了学校, 娜英发现又有什么麻烦了?
　　娜英发现书忘带了, 还得回去拿。

娜英的闹钟坏了, 早上**没有响**, 所以娜英一直睡到8点半才起床。学校8点上课, **今天肯定迟到了**, 以前娜英从来**没有迟到过**。她急急忙忙到了学校, 虽然老师没有批评娜英, 可是她心里**不太舒服**。这时娜英突然**发现书忘带了**, 还得回去拿, 真是忙中出错。今天真是**不顺利**。

나영이의 자명종이 고장 나서 아침에 울리지 않았습니다. 그래서 나영이는 계속 잠을 자다가 8시 반이 되서야 일어났습니다. 학교는 8시에 수업 시작인데 오늘은 지각할게 뻔했습니다. 이전에 나영이는 결석을 해 본적이 없습니다. 나영이는 급히 학교에 도착했는데 비록 선생님이 혼내지는 않으셨지만 나영이는 마음이 그리 편하지 않았습니다. 이때 나영이는 갑자기 책을 가져오지 않은 것을 알고 다시 되돌아가서 가져와야 했습니다. 정말 바쁘게 서둘면 실수가 생긴다더니 오늘은 정말 일이 순조롭지 못합니다.

회화해석

나　영: 너 눈이 왜 이렇게 빨개?
로　로: 어제 밤을 샜거든. 다음 주에 중간고사가 있어.
나　영: 너 정말 열심히 공부하는구나.
로　로: 열심히 안 하면 안돼.
　　　　장학금의 경쟁이 매우 치열하거든.
나　영: 이번에 너는 자신이 있니?
로　로: 이건 말야. 단언하기 어려워. 노력하는 거지.
나　영: 나도 곧 시험이야. 우리 함께 공부하는 거 어때?
로　로: 좋아. 내일 내가 너 대신 자리를 맡아 놓을게.

연습문제

1. 今天路路为什么眼睛红红的?
   路路最近有期中考试, 昨天晚上开夜车学习了。

2. 明天路路打算做什么?
   路路打算明天先去自习室占座儿。

路路快要期中考试了, 所以最近很用功学习。昨天晚上, 路路又开夜车了, 所以今天眼睛红红的。路路很想得奖学金, 但是竞争很激烈, 路路也没有把握, 只能努力了。娜英也要考试了, 可是她平时不好好儿学习, 现在才临阵磨枪。两个人决定一起学习, 路路打算明天先去自习室帮娜英占座儿。

로로는 곧 중간고사를 봐야해서 요즘 매우 열심히 공부합니다. 어제 저녁에 로로는 또 밤을 새서 오늘 눈이 빨갛습니다. 로로는 정말 장학금이 받고 싶지만 경쟁이 매우 치열하고 자신도 별로 없어서 노력할 수 밖에 없습니다. 나영이도 곧 시험이지만 평소에 열심히 공부하지 않아서 지금에서야 벼락치기를 합니다. 둘은 같이 공부하기로 결정했고 로로는 내일 먼저 자습실에 가서 나영이 대신 자리를 맡아 놓기로 했습니다.

회화해석

나　영: 나는 중국에 온지 이미 6개월이 넘었는데 청취는
　　　　아직도 부족해.
명　호: 그럼 너 녹음을 많이 들어야 해.
나　영: 나 매일 청취에 많은 노력을 기울이는데 아직도
　　　　안돼.
명　호: 천천히 해. 어디 한 술에 배부르겠어.
　　　　걱정하지마.
나　영: 나 공부 방법을 바꿔야 할까?
명　호: 내가 보기에 너는 중국인과 많이 어울려야 해.
나　영: 좋아, 나 네 말대로 해 볼게.

연습문제

1. 娜英的听力不好，她觉得这是什么原因?
   娜英觉得自己的学习方法有问题。

2. 明浩说有什么好的学习方法?
   明浩建议娜英多和中国人打交道。

娜英和明浩在一起谈学习汉语的事情。娜英觉得自己的听力很差, 虽然娜英每天都很努力听录音, 可是听力水平还是很差。娜英怀疑自己的学习方法有问题, 明浩建议娜英多和中国人打交道, 这样才能练好听力。娜英觉得明浩的话很有道理。所以她决定按照明浩说的话去做。明天开始多跟中国人接触。

나영이와 명호는 함께 중국어 공부에 대해 이야기를 합니다. 나영이는 자기의 청취 능력이 떨어진다고 생각합니다. 비록 나영이가 매일 열심히 녹음을 듣지만 청취 수준은 여전히 떨어집니다. 나영이는 자기의 공부 방법에 문제가 있는게 아닐까 의심스럽습니다. 명호는 나영에게 중국인과 더 많이 어울려야만 청취를 연습을 잘할 수 있다고 제안했습니다. 나영이는 명호의 말이 일리가 있다고 생각해서 명호의 말대로 해보기로 결정했습니다. 내일부터 많은 중국인과 만나볼겁니다.

회화해석

나 영: 어제 나 나갔다 돌아왔을 때 정말 다급해 죽는 줄
　　　알았어.
성 공: 왜 그래?
나 영: 나 차 타고 오는데 2시간이 걸렸어.
성 공: 마침 퇴근시간이었으니 이 때 차가 안 막히는 게
　　　이상하지.
나 영: 차가 이렇게 심하게 막힐 줄 정말 생각도 못했어.
성 공: 그래, 나는 러시아워에는 감히 밖에 나가지를
　　　못하잖아.
나 영: 차가 이렇게 심하게 막히면 밖에 나가지 않는
　　　것이 더 낫겠어.
성 공: 출퇴근 시간을 피하는 게 가장 좋아.
　　　다른 시간에는 문제 없거든.

연습문제

1. 娜英坐车为什么花了两个小时?
　　那时候正好是下班时间, 所以路上堵车非常厉害。

2. 成功劝娜英应该怎样做?
　　成功说, 如果要出去, 一定要避开上下班时间。

昨天娜英去商场买东西, 回来的时候, 坐车花了两个小时。因为那时候正好是下班时间, 所以路上堵车非常厉害。娜英在车上快急死了, 她怕耽误跟同屋的约会时间。娜英没想到北京堵车问题这么严重。成功说他在高峰时间不出门, 如果要出去, 一定要避开上下班时间。娜英想高峰时间哪个国家都差不多, 这个时间路上都很拥挤。

어제 나영이는 백화점에가서 물건을 사고 돌아올 때 차를 타고 2시간이 걸렸습니다. 그 때가 마침 퇴근 시간이라서 길이 상당히 막혔기 때문입니다. 나영이는 차에서 조급해 죽는 줄 알았습니다. 나영이는 방짝과의 약속 시간이 지체될까 걱정이 되었습니다.
나영이는 북경의 교통 체증 문제가 이렇게 심각할 줄은 생각지도 못했습니다. 성공이는 러시아워에는 밖으로 나가지 않고 만약 나가야 한다면 반드시 출퇴근 시간을 피해야 한다고 말했습니다. 나영이는 러시아워에는 어느 나라든지 다 비슷하게 길이 많이 붐빈다고 생각했습니다.

회화해석

친 구: 어떻게 찾아 왔니?
나 영: 다행히 북경대 학생 하나가 날 데리고 왔어.
친 구: 요즘 지내기 괜찮니?
나 영: 괜찮아. 너는?
친 구: 공부가 비교적 힘이 들어 스트레스가 커.
나 영: 너 예뻐진 것 같다.
친 구: 그래?
나 영: 목이 좀 마른데 물이 있니?
친 구: 내가 얘기하는 것에 정신 파는 바람에 너에게 차
　　　따라 주는 것을 깜빡했어. 조금만 기다려줘.

연습문제

1. 娜英在北大迷路了以后, 发生了什么事情?
　　一个北大学生帮忙带她到了朋友的宿舍。

2. 见到了朋友, 她们聊了一会儿,
　　但是朋友忘了什么事情?
　　朋友忘了给娜英倒茶了。

娜英第一次来北大, 她来看朋友。北大非常大, 娜英一会儿就迷路了。这时候一个北大的学生帮了她的忙, 带她到了朋友的宿舍楼。朋友说最近学习压力很大。走了很长时间, 娜英觉得非常渴, 可是朋友光顾着说话, 忘了给她倒茶。

나영이는 처음으로 북경대에 친구를 보러 왔습니다. 북경대는 매우 커서 나영이는 금새 길을 잃었습니다. 이때 북경대 학생 하나가 그녀를 도와서 친구의 기숙사 건물까지 데려다 주었습니다. 친구는 요즘 학업 스트레스가 많다고 했습니다. 오랫동안 걸어서 나영이는 무척 목이 말랐지만 친구는 이야기하는데 정신이 팔려 나영이에게 차를 따라주는 것도 잊어버렸습니다.

회화해석

나 영: 여보세요, 안녕하세요, 실례지만 누구를 찾으세요?

중국인: 안녕하세요, 후까다(深田) 있어요?

나 영: 아, 그녀는 일이 있어서 외출했어요.

　　　무슨 중요한 일이 있으세요?

중국인: 그녀에게 오늘 밤 모임이 취소 되었다고 전해 주세요.

나 영: 알겠어요. 반드시 그녀에게 전해 줄게요.

　　　다른 용건이 더 있으세요?

중국인: 없습니다. 고맙습니다.

연습문제

1. 那个人打电话来有什么事儿?
   他想告诉娜英的同屋深田, 今晚的聚会取消了。

2. 深田在哪里?
   深田有事出去了。

有人打电话来找娜英的同屋, 但是她的同屋有事儿出去了。第一次碰上这种事儿, 娜英突然感到有点儿紧张。娜英就问对方是不是有什么要紧的事儿。那个人让娜英转告同屋, 就说今晚的聚会取消了。放下了电话, 娜英想: 同屋她什么时候会回来?

어떤 사람이 전화를 걸어 나영이의 방짝을 찾았습니다. 하지만 방짝은 일이 있어서 나가고 없었습니다. 처음으로 이런일을 겪게 된 나영이는 갑자기 좀 긴장이 되었습니다. 나영이는 상대방에게 무슨 중요한 일이 있는 건지 물었습니다. 그 사람은 나영이에게 오늘 저녁의 모임이 취소됐다고 방짝한테 전해 달라고 했습니다. 전화를 끊고서 나영이는 생각했습니다. '방짝이 언제 돌아올까?'

회화해석

성 공: 여보세요, 나영이 있어요?

나 영: 예, 전데요? 성공이니?

성 공: 아직 나가지 않아서 다행이다.

나 영: 지금 나가려던 참이었어. 무슨 일이야?

성 공: 저녁에 시간이 있으면 우리 함께 나이트에 춤추러

　　　가면 어떨까?

나 영: 나 이외에 또 누가 가?

성 공: 모두 네가 아는 친구들이야. 대략 5명 정도 가.

나 영: 좋아. 어디로 갈 거야? 멀어?

성 공: 멀지 않아. 택시를 타면 15분이 채 걸리지 않아.

나 영: 저녁 8시에 교문에서 기다릴게.

성 공: 좋아.

연습문제

1. 成功打电话找娜英有什么事情?
   成功想约娜英晚上一起去蹦迪。

2. 今晚都有谁去?
   除了娜英和成功, 还有几个朋友, 他们都认识。

娜英正要出去的时候, 成功打电话来, 他想找娜英晚上一起去蹦迪。最近学习很紧张, 娜英也想出去放松一下。他们要去的那家迪厅不远, 坐出租车15分钟就能到。除了娜英和成功, 还有几个朋友, 都是他们认识的朋友。他们约好晚上8点在学校门口见面。

나영이가 마침 나가려고 할 때 성공이가 전화를 걸어와 저녁에 같이 나이트에 가고 싶다고 했습니다. 요즘 공부하느라 너무 바빴기 때문에 나영이도 가서 기분 전환하고 싶었습니다. 그들이 가고자 하는 나이트 클럽은 멀지 않아서 택시를 타고 15분 정도면 도착할수 있습니다. 나영이와 성공이 이외에 같이 가는 몇 명의 친구도 모두 아는 친구들입니다. 그들은 저녁 8시에 교문에서 만나기로 약속했습니다.

회화해석

나　영: 저녁에 함께 야식 먹으러 갈래?
　　　　내가 너 좋은 곳으로 데려갈게.
나　영: 어떤 곳이야?
명　호: 왕푸징의 샤오츠 거리를 들어 봤니? 아주 유명해.
나　영: 나 샤오츠(간식거리) 먹는 거 제일 좋아해.
명　호: 그곳의 샤오츠는 맛있고 가격도 싸.
　　　　30위안 가지고 가면 충분해.
나　영: 그럼 오늘 저녁 7시에 기숙사 입구에서 만나자.
명　호: 좋아. 그럼 이렇게 하기로 정한 거야.
나　영: 올 때까지 기다릴게.
명　호: 꼭 나와야 돼.

연습문제

1. 明浩晚上要领娜英去什么地方做什么?
   晚上明浩要领娜英去王府井吃小吃。

2. 他们需要带多少钱?
   一个人带30块钱就够了。

在北京有一条小吃街, 在王府井, 那里的小吃又好吃又便宜。晚上明浩要领娜英去王府井吃小吃。明浩说, 去吃小吃, 带30块钱就够了, 而且那儿的小吃五花八门, 想吃什么就吃什么。一听这么便宜, 娜英很高兴, 马上就答应了。他们打算晚上7点在宿舍门口见面以后就出发。

북경의 샤오츠 거리는 왕푸징에 있는데 그곳의 샤오츠(간식거리)는 맛있고 값도 쌉니다. 저녁에 명호는 나영이를 데리고 왕푸징에 샤오츠를 먹으러 가려합니다. 명호가 말하길 샤오츠를 먹으러 갈 때 30위안만 가지고 가면 충분하고 게다가 그곳의 샤오츠는 다양해서 먹고 싶은 것을 골라 먹을 수 있다고 합니다. 이렇게 싸다는 소리를 듣자 나영이는 기분이 좋아서 바로 승락했습니다. 그들은 저녁 7시에 기숙사 입구에서 만난 후에 바로 출발할 예정입니다.

회화해석

로　로: 일요일에 우리 집에 놀러 와.
　　　　우리 엄마가 만드신 음식 정말 맛있어.
나　영: 좋아. 난 뭘 좀 가지고 가면 좋을까?
로　로: 아무것도 가지고 올 필요 없어. 입만 달고 오면 돼.
나　영: 어떻게 그러냐?
　　　　손님으로 초대되어 가는데 어떻게 빈손으로 가니?
로　로: 편한대로 해.
나　영: 너희 아빠가 분명 술을 좋아하실테니,
　　　　술을 가지고 갈게.

연습문제

1. 娜英为什么喜欢去路路的家?
   因为路路的妈妈做菜非常好吃。

2. 娜英决定带什么礼物?
   娜英决定带一瓶酒。

路路邀请娜英星期天去她家玩。娜英很想去, 因为路路的妈妈做菜非常好吃。空手去太不好意思, 可是娜英也不知道带什么礼物去好。路路说什么都不用带, 可是娜英想, 说是这么说, 哪能不带东西去做客。最后娜英决定带一瓶酒。

로로는 나영이에게 일요일에 자기집에 가서 놀자고 초대했습니다. 나영이는 정말 가고 싶었는데 왜냐하면 로로의 엄마가 음식을 매우 맛있게 만들기 때문입니다. 빈손으로 가는것은 너무 겸연쩍지만 나영이는 어떤 선물을 가져가야 좋을지도 모릅니다. 로로는 아무것도 가지고 올 필요 없다고 말하지만 나영이는 말은 그렇게 해도 손님으로 가는데 어떻게 아무것도 안 가지고 갈수가 있겠느냐고 생각했습니다. 결국 나영이는 술 한병을 가져가기로 결정했습니다.

회화해석

나 영: 저 오늘 아주 즐겁게 놀았어요.
　　　 대접해주셔서 감사해요.
엄 마: 무슨 소리니, 대접이 변변치 못했는데.
　　　 너 중국음식이 잘 맞는 것 같구나.
나 영: 네. 처음에는 조금 익숙하지 않았는데, 지금은 즐겨
　　　 먹어요. 솜씨가 매우 좋으신 것 같아요. 아줌마가
　　　 만드신 음식이 음식점에서 만든 것보다 맛있어요.
엄 마: 그래? 그러면 나중에도 시간 있으면 자주 오렴.
　　　 나랑 로로가 너 배웅해 줄게.
나 영: 배웅해주실 필요 없어요, 나오지 마세요.
로 로: 나 그럼 멀리 배웅하지 않을게, 조심해서 가.

연습문제

1. 现在娜英很喜欢吃中国菜,
　 可是她刚来中国的时候呢?
　 刚来中国的时候, 娜英不习惯吃中国菜。

2. 路路的妈妈做菜的手艺怎么样?
　 路路的妈妈做菜的手艺非常好。

刚来中国的时候, 娜英**不习惯吃中国菜**, 可是现在非常喜欢吃。路路的妈妈做菜的**手艺很不错**, 娜英**一有空就去路路家**。今天娜英在路路家玩得很**开心**, 吃到了很多好吃的菜, 真是**大饱口福**。娜英称赞路路的妈妈做菜的手艺非常好, 娜英临回家时, 路路的妈妈也对娜英说, 让她以后常来玩。娜英去路路家**就像到了自己的家一样**, 感觉**很舒服**。

중국에 온지 얼마되지 않았을 때 나영이는 중국음식에 익숙하지 않았지만 지금은 아주 즐겨 먹습니다. 로로 어머니의 음식 솜씨가 뛰어나서 나영이는 시간이 나면 로로의 집에 갑니다. 오늘 나영이는 로로네 집에서 즐겁게 놀고, 많은 맛있는 음식들을 실컷 아주 만족스럽게 먹었습니다. 나영이는 로로 어머니의 음식 솜씨가 매우 좋다고 칭찬했고 나영이가 집으로 돌아갈 때 로로의 어머니는 나영이에게 나중에도 자주 놀러 오라고 말씀했습니다. 나영이는 로로의 집에 가면 자신의 집과 같이 아주 편안한 느낌이 듭니다.

회화해석

나 영: 천단공원 정말 크다.
　　　 하루동안에도 다 돌아볼 수 없겠는걸.
성 공: 더 앞으로 조금 가다 보면, 곧 기년전에 도착해.
나 영: 천단공원은 황제들이 와서 놀던 곳이니?
성 공: 아니. 고대에 여기는 황제들이 하늘에 제사를
　　　 지내던 곳이야.
나 영: 우리도 황제들처럼 기도를 드려보는 게 어때?
성 공: 넌 뭘 빌고 싶은데? 너 빨리 마음에 드는 사람을
　　　 찾게 해달라고 기도하고 싶은 것 아니니?
나 영: 안 알려줘, 비밀이야.
성 공: 우리 기도 다 하고 나서 다시 저쪽으로 가서 좀
　　　 돌아보자.
나 영: 좋아.

연습문제

1. 在古代, 祈年殿是什么地方?
　 在古代, 这里是皇帝们祭天的地方。

2. 娜英想祈祷什么? 成功知道吗?
　 娜英不想说, 所以成功也不知道。

周末娜英和成功一起去天坛公园玩。天坛公园很大, 他们**走了很长时间**, 才到祈年殿。在古代, 这里是**皇帝们祭天的地方**。周围的游客很多, 很多人都去祈祷。娜英也想去**祈祷**, 成功很想知道娜英要祈祷什么, 可是娜英不告诉他。**今天走了一整天**, 回到学校, **娜英累得倒头就睡。**

주말에 나영이와 성공이는 함께 천단공원에 놀러 갔습니다. 천단공원은 매우 커서 오랜 시간동안 걸어서 겨우 기년전에 도착했습니다. 고대에 이곳은 황제가 하늘에 제사를 지내던 곳입니다. 주변에는 여행객이 무척 많은데 많은 사람들이 모두 가서 기도를 합니다. 나영이도 가서 기도하고 싶습니다. 성공이는 나영이가 무엇을 빌지 알고 싶어하지만 나영이는 알려주지 않습니다. 오늘 하루종일 걷고나서 학교에 돌아오니 나영이는 피곤해서 눕자마자 잠이 들었습니다.

회화해석

나　영: 아저씨, 이 핸드백은 얼마예요? 가짜죠?

사　장: 이건 진품이에요. 우리는 큰상점에 비해 훨씬 싸요,
　　　　겨우 300위안이에요.

나　영: 너무 비싸서, 전 살 수 없어요,
　　　　사장님 좀 싸게 해주세요, 150위안으로 해요.

사　장: 150위안에 팔면 난 손해라구요.
　　　　이렇게 하죠. 180위안으로. 더 이상 싸게는 안돼요.

나　영: 인심 좀 더 쓰세요. 150위안에 저한테 파세요.
　　　　저 정말 150위안 밖에 없어요.

사　장: 그냥 150위안으로 합시다. 정말 값을 잘 깎는군요.

연습문제

1. 在市场买东西有什么特点？
   价格比大商场便宜, 而且还可以砍价。

2. 那个手提包老板说多少钱？最后娜英多少钱买了？
   老板说要300块, 但是最后娜英用150块买了。

娜英来到市场, 她想买一个手提包。这里的价格比大商场便宜, 而且还可以砍价。娜英看到了一个很漂亮的手提包, 一问价格, 要300块。以前听朋友说, 在这种地方, 按照要价的一半砍, 一般都能买下来。娜英就和老板砍价, 最后150块买到了那个漂亮的手提包。

나영이는 시장에 갔는데 핸드백 하나를 사고 싶어합니다. 이곳의 가격은 큰상점보다 저렴하고 값을 깎을수도 있습니다. 나영이는 아주 예쁜 핸드백하나를 발견하고는 가격을 물었더니 300위안을 달라고 합니다. 예전에 친구에게서 들었는데, 이런 곳에서는 달라는 가격의 반으로 깎으면 보통 살 수 있다고 했습니다. 나영이는 사장에게 값을 깎아서 결국 150위안에 그 예쁜 핸드백을 샀습니다.

회화해석

명　호: 내일 우리 기차 타고 여행을 가는데, 뭘 준비해야
　　　　하지?

나　영: 기차에서 먹을 음식 조금하고, 또 사전도
　　　　준비해야지.

명　호: 여행가서도 공부하려고?
　　　　사전 가져가는 것은 무척 번거로워.

나　영: 작은 사전 한 권만 가져가는 거라서 번거롭지 않아.
　　　　그리고 우리 내일 아침 7시에 출발해야 해.
　　　　기차표 잘 챙겨.

명　호: 맞다, 기차표.
　　　　네가 아니었으면, 난 또 잊어버릴 뻔 했어.

나　영: 난 네가 건망증이 있다는 걸 알잖아.
　　　　기숙사에 돌아가서 곧 바로 기차표 잘 챙겨라.

명　호: 일러줘서 고마워.

연습문제

1. 娜英为什么打算带一本小词典？
   因为可能在旅行的时候会有用。

2. 娜英提醒明浩什么事情？
   娜英提醒明浩收拾好火车票。

明天明浩和娜英坐火车去旅行, 今天晚上他们要收拾行李。行李不多, 两个背包加上一个手提包, 三个包都塞得满满的。娜英打算带一本小词典, 可能在旅行的时候会有用。而且词典很小, 拿起来也不麻烦。娜英知道明浩有健忘症, 怕他忘了, 所以提醒他收拾好火车票。

내일 명호와 나영이는 기차를 타고 여행 갑니다. 오늘 저녁에 그들은 짐을 싸야 합니다. 짐은 많지 않은데 배낭 2개와 손가방 1개, 이렇게 가방 3개를 가득 채워놓았습니다. 나영이는 작은 사전 하나를 가져 가려는데 아마도 여행중에 유용하게 쓰일 것입니다. 게다가 사전이 무척 작아서 가지고 다니는데 번거롭지 않습니다. 나영이는 명호가 건망증이 있다는 것을 알고 명호가 까먹었을까봐 기차표를 잘 챙기라고 일러주었습니다.

회화해석

명 호: 잘 찾아봐, 우리 자리가 어디인지.
나 영: 찾았어, 내가 창가에 앉아도 되지?
명 호: 응, 창 밖의 풍경을 볼 수 있지.
나 영: 만약에 하루종일 탄다면, 난 견딜 수 없어.
　　　다행히도 북경에서 그다지 멀지 않구나.
명 호: 맛있는 거 꺼내봐.
나 영: 알겠어. 디지털 카메라 가져왔니?
명 호: 당연하지. 여행을 가는데 어떻게 디지털 카메라를
　　　가져오냐?
나 영: 대동석굴은 매우 유명해, 거기 가서 사진 많이 찍자.

연습문제

1. 娜英为什么想坐在窗户旁边?
　　因为可以看到外边的风景。

2. 他们带了数码照相机, 打算怎样做?
　　到了大同石窟以后, 他们要多照几张相。

上了火车, 明浩和娜英马上去找他们的座位, 很快就找到了。他们把包放到行李架上边去。娜英想坐在窗户旁边, 因为可以看到外边的风景。大同离北京不太远, 坐火车也不会用很长时间。出门旅行, 照相机是必备品。他们带了一个数码相机, 打算到了大同石窟以后, 要多照几张相。娜英觉得大同比自己想象的好。娜英和明浩觉得石窟非常值得一看。娜英想回去以后马上把拍下来的照片登到自己的个人网页上去。

기차에 올라서 명호와 나영이는 바로 그들의 자리를 찾으러 갔는데 금방 자리를 찾았습니다. 그들은 가방을 짐선반 위에 올려 놓았습니다. 나영이는 창가에 앉았는데 바깥 풍경을 볼 수 있기 때문입니다. 대동은 북경에서 그리 멀지 않아서 기차를 타도 시간이 오래 걸리지 않습니다. 여행을 갈 때 카메라는 필수품입니다. 그들은 디지털 카메라 한 대를 가져가는데 대동석굴에 도착한 후 사진을 많이 찍을 계획입니다. 나영이는 대동이 자기가 생각했던 것보다 좋다고 느꼈습니다. 나영이와 명호는 석굴이 한번 볼만한 가치가 있다고 생각했습니다. 나영이는 돌아가서 곧바로 찍은 사진을 자기의 개인 홈페이지에 올리고 싶습니다.

회화해석

나 영: 어떤 경극이 제일 유명해?
　　　난 줄곧 경극을 보고 싶었어.
로 로: 경극 보고 싶어? 그럼 "패왕별희"를 봐.
　　　아주 유명해.
나 영: 너 경극 좋아하지?
로 로: 무슨~ 난 별로 좋아하지 않아. 하나도 재미없어.
나 영: 그럴리가?
　　　난 중국인들은 모두 경극을 좋아한다고 생각했는데.
로 로: 나이든 사람들은 좋아하지만 젊은 사람들은
　　　좋아하지 않아.
나 영: 만일 내가 너보고 날 데려가 달라고 하면 너 갈래?
로 로: 너 데리고 가달라고? 좋아.
　　　내가 너 데리고 한번 갔다 오지.

연습문제

1. 路路喜欢京剧吗? 为什么?
　　路路不喜欢京剧, 在中国, 一般老人喜欢京剧,
　　年轻人不喜欢。

2. 如果娜英让路路陪她去看京剧, 路路会不会去?
　　为什么?
　　路路会去的, 因为娜英是她的朋友。

娜英很想去看京剧, 对外国人来说, 京剧很有意思。娜英以为路路也喜欢京剧, 但是让娜英感到意外的是, 路路一点儿也不喜欢京剧。在中国, 一般是老人喜欢京剧, 年轻人们不喜欢。娜英不太明白中国人为什么不爱看京剧。开始娜英要路路陪她去看京剧, 路路不太愿意去。可是娜英一再求路路陪她去, 路路也不好意思过多拒绝, 只好答应了。

나영이는 경극을 무척 보러 가고 싶습니다. 외국인에게 경극은 매우 재미있습니다. 나영이는 로로도 경극을 좋아할거라 생각했지만, 나영이에게 의외였던 것은 로로가 경극을 전혀 좋아하지 않는다는 점이었습니다. 중국에서는 일반적으로 나이든 분들이 경극을 좋아하고 젊은 사람들은 좋아하지 않습니다. 나영이는 중국인이 왜 경극을 즐겨 보지 않는지 잘 이해가 되지 않았습니다. 처음에 나영이는 로로에게 자기를 데리고 경극을 보러 가자고 했는데 로로는 별로 가고 싶어하지 않았습니다. 하지만 나영이가 계속해서 로로에게 데리고 가라고 부탁하자 로로도 너무 많이 거절하기가 미안해서 승낙할 수 밖에 없었습니다.

회화해석

성　공: 이 물건들은 어디에 쓰는 거야?
나　영: 내일 유학생 파티가 있어서.
　　　　나 마술 공연을 준비하고 있어.
성　공: 마술 공연? 너 정말 솜씨가 좋구나.
나　영: 별것 아니야. 단지 간단한 마술일 뿐인걸.
성　공: 파티에는 어떤 공연들이 있어?
나　영: 노래부르기, 패션쇼, 얼후 연주, 코미디 등등.
　　　　너도 와.
성　공: 유학생 파티에 내가 가서 뭐하니?
나　영: 누가 중국 학생은 갈 수 없다고 하든?
　　　　와서 나를 응원해줘. 와라.
성　공: 네가 이렇게까지 나를 초대하니 그럼 나 갈게.

연습문제

1. 这个学期末, 对娜英来说, 有什么活动?
　有留学生联欢会, 娜英准备表演魔术。

2. 娜英说, 成功可以去做什么?
　娜英想要成功去给她捧场。

每个学期末, 都有留学生联欢会。联欢会上有各种各样的节目, 有唱歌、服装秀、讲笑话等等。娜英以前学过简单的魔术, 这次准备露一手。她还邀请成功一起去。成功说, 留学生联欢会他去不合适, 周围都是外国学生, 有点儿尴尬。娜英说中国学生也可以去, 而且还可以给她捧捧场。

매 학기말에는 유학생 파티가 열립니다. 유학생 파티에는 노래부르기, 패션쇼, 코미디 등 각종 프로그램이 있습니다. 나영이는 예전에 간단한 마술을 배운적이 있어서 이번에 솜씨를 발휘해 보려고 준비합니다. 나영이는 또 같이 가자고 성공이를 초대했습니다. 성공이는 유학생 파티에 그가 가는 것은 맞지가 않고 외국학생에게 둘러싸여서 보는게 좀 어색하다고 말했습니다. 나영이는 중국 학생 역시 가도 되고 게다가 자기를 응원해 줄 수도 있다고 말했습니다.

회화해석

나　영: 귀국 하기 전에 나 기념품 좀 사고 싶어.
명　호: 유리창에 가봐. 고미술품이나 고화 같은 걸 좀 사.
나　영: 맞다. 난 왜 그 생각을 못했을까?
명　호: 그림을 사서 집에 걸어두면 얼마나 중국적인
　　　　분위기가 느껴지겠어. 가져다가 선물로 준다면
　　　　친구들이 분명히 좋아할거야.
나　영: 그렇지. 이런 선물 누가 마다하겠어?

연습문제

1. 明浩建议娜英去什么地方, 买什么纪念品?
　明浩建议娜英去琉璃厂买些古董、古画什么的。

2. 这些东西有什么特点? 娜英的朋友们会喜欢吗?
　这些东西很有中国味道, 娜英的朋友们一定会喜欢的。

娜英就要回国了, 在回国之前, 她想买一些纪念品。不过剩下的钱不太多, 所以她想买一个既便宜又有中国风味的东西。她想了半天, 明浩建议她去琉璃厂, 那里有古董、古画什么的。这些东西很有中国味道, 而且娜英的朋友们一定喜欢这样的礼物。娜英也同意明浩的看法。

나영이는 곧 귀국하려 하는데 귀국전에 기념품을 좀 사고 싶습니다. 하지만 남은 돈이 그리 많지 않아서 싸면서도 중국적인 멋이 있는 물건을 사고 싶어합니다. 나영이가 한참을 생각하자 명호가 유리창에 가라고 권했습니다. 그곳에는 고미술품과 고화 등이 있는데 이러한 물건들은 중국 분위기가 있고 게다가 나영이의 친구들이 분명히 이러한 선물을 좋아할 것입니다. 나영이도 명호의 이러한 생각에 동의했습니다.

회화해석

선생님: 뭘 고민하고 있니?
나　영: 저 살이 7킬로그램이 쪘어요. 우리 가족들이 분명히
　　　놀랄거예요. 귀국 후에 저 정말 열심히 다이어트
　　　해야 되겠어요.
선생님: 다이어트 이외에 또 다른 계획 있니?
나　영: 우선 계속 공부를 하고 졸업 후에는 직장을 찾을
　　　거예요.
선생님: 어떠한 일을 찾고 싶니?
나　영: 중국어를 사용할 수 있는 일이요. 그렇지 않으면
　　　전 이 일년 동안의 학비를 낭비한 셈이잖아요.

연습문제

1. 娜英为什么事情发愁？她打算怎么做？
   娜英在中国胖了七公斤, 她打算回国以后马上减肥。

2. 娜英回国以后的打算是什么？
   娜英打算毕业以后找工作。

回国之前, 娜英去和老师告别。在这一年里娜英收获很大, 她的汉语水平提高了很多。而且还交了很多朋友。可以说这次没有白来中国一趟。可是, 娜英胖了七公斤, 为这件事情她很发愁, 娜英怕回家以后家人认不出她来。老师还问她以后的打算, 娜英说她打算毕业以后找工作, 找一个能用上汉语的工作更好。娜英还说有机会再来中国。

귀국 전에 나영이는 선생님과 작별인사를 합니다. 이 일년동안 나영이의 성과는 매우 큰데 중국어 능력이 매우 향상되었고 많은 친구들을 사귀었습니다. 이번에 중국에 헛걸음 한 것이 아니라고 할 수 있습니다. 하지만 나영이는 살이 7킬로그램 쪄서 무척 고민이고 집에 돌아간 후 가족들이 몰라볼까봐 걱정이됩니다. 선생님은 또 나영이에게 이 후에 어떤 계획이 있는지 물었고 나영이는 졸업 후에 직업을 구할 계획인데 중국어를 사용할 수 있는 일이면 더 좋다고 말했습니다. 나영이는 또 기회가 있으면 다시 중국에 올거라고 했습니다.

회화해석

성　공: 네가 이렇게 빨리 떠날게 될 줄 정말 생각도 못했어.
나　영: 일년의 시간이 눈 깜짝 하니 지나가 버렸네.
성　공: 이 책을 너에게 기념으로 선물할게.
　　　난 네가 그리울거야.
나　영: 우리 자주 연락해. 시간 있으면 전화 해.
성　공: 이후에 언제 다시 중국에 오면 꼭 나한테 알려줘.
나　영: 좋아. 네가 언제 한국에 놀러오면 나한테 알려주는
　　　거 있지마.
성　공: 내일 저녁에 나랑 로로가 너를 위해 송별회 해
　　　주려고 하는데 어때?
나　영: 좋아. 내일 우리 맛있게 먹자.

연습문제

1. 成功给娜英什么作礼物？
   成功送给娜英一本书作礼物。

2. 成功和路路给娜英准备了什么？
   他们准备在一家很好的饭店给娜英送行。

娜英已经买好了飞机票, 后天就要回韩国了。虽然娜英很想回到妈妈身边, 可是她舍不得离开中国, 也舍不得这里的朋友们。她的朋友成功来找她, 送给她一本书留作纪念。成功和路路准备明天晚上给娜英送行, 成功找了一家很好的饭店, 在娜英回国之前, 好好吃一顿中国菜。娜英心里想, 她永远都不会忘记在中国的留学生活。

나영이는 이미 비행기표를 샀고 모레면 한국에 돌아갑니다. 나영이는 비록 엄마 곁으로 정말 돌아가고 싶지만 중국을 떠나기가 아쉽고 이곳의 친구들과 헤어지기가 섭섭합니다. 나영이의 친구 성공이는 나영이에게 찾아와 기념으로 책 한권을 선물했습니다. 성공이와 로로는 내일 저녁에 나영이를 위해 송별회를 준비했습니다. 성공이가 좋은 식당 한 곳을 찾았고 나영이가 귀국하기 전에 맛있게 중국음식을 먹으려 합니다. 나영이는 마음속으로 중국에서의 유학생활을 영원히 잊지 못할거라 생각했습니다.

당신의 중국어

CST로 진단하라!

국내 유일 IBT 기반의

수준별 중국어 말하기 응용 능력 시험

CST가 새로운 기준을 제시합니다.

문의전화 02.567.9213 www.icst.co.kr

CST(Chinese Speaking Test)란?

CST(Chinese Speaking Test)는 클라우드 컴퓨팅 방식의 인터넷 기반 검사(IBT: Internet Based Test)로 진행되는 중국어 말하기 응용 능력 시험으로 국내 유일의 응시자 수준을 고려한 등급별 시험을 진행하여 실질적인 어학 능력과 단계적인 학습 성과를 검증받을 수 있습니다.